"中国劳模"系列丛书

钢筋铁骨筑梦人

杨 霖

孙修让◎著

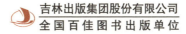

吉林出版集团股份有限公司
全国百佳图书出版单位

图书在版编目（CIP）数据

钢筋铁骨筑梦人：杨霖 / 孙修让著. -- 长春：吉
林出版集团股份有限公司, 2024.9. --（"中国劳模"
系列丛书 / 徐强主编）. -- ISBN 978-7-5731-5387-6

Ⅰ.K826.16

中国国家版本馆CIP数据核字第2024GZ1380号

GANGJIN-TIEGU ZHU MENG REN：YANG LIN

钢筋铁骨筑梦人：杨霖

出 版 人　于　强
主　　编　徐　强
著　　者　孙修让
组稿统筹　东北师范大学文学院创意写作研究中心
责任编辑　杨　爽
装帧设计　张红霞

出　　版　吉林出版集团股份有限公司
发　　行　吉林出版集团社科图书有限公司
地　　址　吉林省长春市南关区福祉大路5788号　邮编：130118
印　　刷　唐山富达印务有限公司
电　　话　0431-81629711（总编办）
抖 音 号　吉林出版集团社科图书有限公司　37009026326

开　　本　710 mm×1000 mm　1 / 16
印　　张　9
字　　数　100千字
版　　次　2024年9月第1版
印　　次　2024年9月第1次印刷

书　　号　ISBN 978-7-5731-5387-6
定　　价　55.00元

如有印装质量问题，请与市场营销中心联系调换。0431-81629729

序 言

　　劳动创造财富，劳动创造幸福，劳动创造未来。习近平总书记在2020年全国劳动模范和先进工作者表彰大会上的讲话中指出："全社会要崇尚劳动、见贤思齐，加大对劳动模范和先进工作者的宣传力度，讲好劳模故事、讲好劳动故事、讲好工匠故事，弘扬劳动最光荣、劳动最崇高、劳动最伟大、劳动最美丽的社会风尚。"当今世界，综合国力的竞争归根到底是科技人才和高素质劳动者的竞争。改革开放以来，我们强大的工人队伍用辛勤的劳动和拼搏奉献的精神推动中国制造、中国智造、中国创造走向世界的前列，新时代的中国面貌日新月异。大力弘扬劳模精神、劳动精神、工匠精神，加强高素质技能人才队伍建设，打造一支宏大的知识型、技能型、创新型劳动者队伍，是伟大时代赋予我们的历史责任。

　　劳动模范是民族的精英、人民的楷模，是共和国的功臣。自改革开放以来，广大职工勇立改革潮头，独立自主，奋发图强，勇于创新，其中涌现出一批批全国劳模和大国工匠。他们参与建设了代表中国高度、中国速度、中国深度的一系列重大工程，提升了国家实力，打造了"中国名片"，树立了"中国品牌"，增添了"中国力量"，充分释放出工人阶级的创新活力，展示出大国工匠的强大创造力。他们以工人阶级的满腔热忱在各自平凡的工作岗位上取得了辉煌的成绩，书写了新时代的壮丽篇章。

爱岗敬业、争创一流、艰苦奋斗、勇于创新、淡泊名利、甘于奉献的劳模精神，崇尚劳动、热爱劳动、辛勤劳动、诚实劳动的劳动精神和执着专注、精益求精、一丝不苟、追求卓越的工匠精神，是广大劳动群众在社会生产实践中锤炼形成的弥足珍贵的精神财富，是工人阶级伟大品格的具体体现，是民族精神和时代精神的生动诠释。民族复兴需要劳动模范，祖国强盛需要大国工匠，中国制造、中国智造、中国创造更需要大国工匠的强有力支撑。劳模、工匠等的成长故事、先进事迹中承载的劳模精神、劳动精神和工匠精神，是激励全国各族人民团结奋斗、勇往直前的强大精神力量。

"中国劳模"系列丛书，采用图文结合的方式，讲述全国劳模、大国工匠和先进工作者们的成长经历及他们追梦、筑梦、圆梦的故事，用他们在平凡岗位上创造不平凡业绩的真实故事感染读者，推动形成劳动最光荣、劳动最崇高、劳动最伟大、劳动最美丽的社会风尚，引导广大技术工人和青少年形成劳动光荣、技能宝贵、创造伟大的观念。

"匠心筑梦，强国有我。"新时代是一个万象更新、生机勃勃的时代，也是一个继往开来、创新创业和建功立业的大时代。希望广大读者能以劳动模范为榜样，以大国工匠为楷模，立志技能报国、技术强国，踔厉奋发，勇毅前行，锤炼思想品格，汲取劳动智慧，勇于担当、勤于钻研、甘于奉献，为推进新型工业化和乡村振兴，为加快建设制造强国、质量强国、航天强国、交通强国、网络强国、数字中国、农业强国，全面建设社会主义现代化国家贡献青春力量。

中华全国总工会副主席（兼）

中国航天科技集团有限公司第一研究院

211厂14车间高凤林班组组长

2022年11月

扫码解锁

◉群英颂歌◉匠心谱写赤诚
◉奋斗底色◉夯实建设之基

传主简介

　　杨霖，生于1971年4月，中共党员。现就职于贵州黔东南建诚建筑有限责任公司。

　　杨霖是大山之子，自幼生长在山区，与山水共歌，与广袤天地为伴。贵州的深山，犹如一位慈祥的母亲，孕育了他坚韧不拔的品性，赋予了他顽强不屈的刚毅精神。

　　杨霖曾在武警陕西省总队服役，身披戎装，手握钢枪，用青春和热血捍卫国家的安宁。在警营深处，他先后十一次荣获部队嘉奖和"优秀士兵"称号，每一次荣誉的背后，都凝聚着他的汗水和努力，见证了他的坚韧与拼搏。

　　退役后，杨霖怀揣梦想，踏上了新的人生征程。他辗转多地，从保安员到建筑学徒工，凭借着坚韧不拔的毅力和勤奋好学的精神，逐步成长为混合作业队队长、建筑项目负责人。在城市的钢筋水泥间，他用勤劳和智慧铸就起一座座高楼大厦，也书写出自己人生的辉煌篇章。2019年，他被评选为中国建筑工匠，成为行业内的楷模。2020年，杨霖荣获"全国优秀农民工"称号。他还先后获得"山西省五一劳动奖章""全国五一劳动奖章""山西省劳动模范""全国劳动模范"等多项荣誉，这是对他多年来辛勤付出的肯定。

匠之大者，为国为民。杨霖，不仅掌握了高超的建筑技艺，更有着一颗赤诚如火的内心，饱含着为国为民的炽热情感。他致力于良心工程，一砖一瓦都承载着对人民的责任。他倾注心血，建设学校，为孩子们筑起知识的殿堂，为国家的未来播撒希望的种子。他怀揣感恩之心，积极投身慈善事业，用行动回馈社会。在他的身上，我们看到了匠人精神与使命担当，更看到了他对国家与人民的深厚情感。

杨霖的故事，是一部充满奋斗与拼搏的传奇。他用钢筋铁骨铸就了自己的梦想，也用自己的实际行动诠释了作为共产党员的初心和使命。他的人生，是一段激励人心的奋斗历程，让我们在敬仰中汲取力量，在感动中坚定信念。他是新时代的楷模，是我们学习的榜样。

目 录

第一章　梦启金色童年

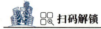

扫码解锁

◉群英颂歌◉匠心谱写赤诚
◉奋斗底色◉夯实建设之基

大山的儿子

贵州的大山，是一幅深藏于世的美丽画卷。

在这连绵起伏的山脉之中，隐藏着许多古朴而静谧的村子。这些村子仿佛是被时光遗忘的角落，它们静静地伫立在大山的怀抱里，与世隔绝，却也因此保留下了无尽的原始与纯净。

清晨，当第一缕阳光洒在山间，整个村子便沐浴在金黄色的光芒之中。稀疏的炊烟袅袅升起，与晨雾交织在一起，营造出一幅梦幻般的画面。漫步于村子里，可以听到远处山谷中画眉鸟清脆悦耳的歌声，它们在晨曦中欢快地歌唱，迎接着新一天的到来。

村中的小路蜿蜒曲折，连接着大山和村子，这些路是大山的脉络。走在村中的小路上，可以看到苍劲的老松、翠绿的竹林、五彩斑斓的野花，还有那挂满枝头的各种果实。它们与大山共同构成了一个生机勃勃的生态系统，让人感受到大自然的独特魅力。沿着石板路走进村子，会被眼前的一切所震撼。这里的建筑多以石材和木材为主，经过岁月的洗礼，它们已经与大山融为一体。那些古朴的屋檐、精致的木雕，以及散发出淡淡木香的门窗，都在诉说着一段段古老的故事。

杨霖就是出生在这样一个村子里。

1971年4月，杨霖出生在贵州省黔东南苗族侗族自治州榕江县寨蒿镇便裳村，是家中幼子。杨霖出生时家里已经有六个孩子了。

20世纪70年代的贵州农村，经济发展相对落后，生活条件也比较艰苦。而杨霖家里人口多，养育孩子成了一件既重要又艰难的任务。面对这样的情况，杨霖的母亲依靠自己的智慧和力量，用有限的资源来喂养孩子们。

那时候，母亲曹峦开通常会用自家种的粮食磨成面粉，熬成糊糊来喂养小杨霖。有时候是小米糊，有时候是玉米糊，还有的时候是红薯糊。这些糊状食物虽然营养价值不高，但却是小杨霖的主要口粮。每当小杨霖饿得哭起来时，母亲就会赶紧熬制一些糊状食物喂给他。为了给孩子们补充营养，母亲会不时去河里捞小鱼小虾，给孩子们熬汤喝；有时也会去地里挖些野菜、摘些果子。在那个物资相对匮乏的年代，农村母亲们会尽全力给孩子最好的照顾。

儿时，每当杨霖写完作业后，都会喊上三五好友，跑到村里的最高处，去和太阳公公告别。夕阳西下，整个村子都镀上了一层温煦的光辉。四周的山峦也在黄昏的映衬下显得更加巍峨壮观，仿佛是大自然暂时的落幕。此时，站在高处俯瞰整个村子，袅袅炊烟与晚霞相互辉映，宛如一幅宁静和谐的田园画卷。

夜幕降临后，贵州大山里的村子更显宁静祥和。草丛中，小虫子的鸣叫声细微却清脆，池塘里青蛙的鸣叫声此起彼伏，像是一支自然的交响乐团，演奏着独特的旋律。对小杨霖而言，这不

仅仅是自然的低语，也是童年的秘密私语。虫鸣和蛙声交织成大
自然的摇篮曲，伴随着小杨霖进入甜美的梦乡。

此刻，大山与村子静谧如画，仿佛是远离尘嚣的一片净土，
让人心生向往。月光洒在石板路上，照亮了杨霖成长的足迹。

小小放牛郎

小杨霖在大自然中长大，他的童年充满了无尽的乐趣和挑
战。

虽然他是家里最小的孩子，但从小就知道帮家里干活。每天
清晨，当黎明的曙光如金色绸带般轻柔地缠绕在山巅，晨雾缭绕
的田野和朦胧的雾气仿佛为村子披上一层神秘的面纱。小杨霖如
同一位肩负重任的小战士，毅然扛起那把磨得锃亮的小斧头，踏
上了通往茂密林间的小径。沿着蜿蜒曲折的小溪，他唱着欢快的
歌谣一步步迈向了那片浓荫蔽日的树林。

在树林中，小杨霖如同一位寻宝的探险家，他那双犀利的眼
睛仔细地在树林间穿梭，不放过任何一根枯朽的树枝。每当发现
目标，他便挥舞起手中那把锋利的小斧头，只听"咔嚓"一声，
枯枝便应声而落。那断折的声响，在寂静的林中回荡，宛如大自
然的脉搏，沉稳而有节奏。

尽管小杨霖年纪尚幼，但他的眼神中却透露出一种与年龄不

符的坚定和执着。他的每一个动作都是那么熟练而自然，仿佛是与生俱来的本领。他深知，这些他辛苦砍下的柴火，不仅仅是为了家里冬天的温暖，更是他对家人无声而深厚的爱。每一根柴火，都承载着他对家人的关怀与责任，也见证了他小小身躯下蕴藏的巨大力量。

除了砍柴，放牛也是小杨霖的日常工作。每天下午四点钟左右，太阳已经逐渐失去正午时的那份耀眼与炽热。它悬挂在西边的天空，宛如一个巨大的金色圆盘，静静地散发着柔和而温暖的光芒。阳光透过树叶的缝隙，洒在地面上，形成斑驳的光影。

在村庄的一角，小杨霖正牵着他家的那头老黄牛，准备前往村里的后山放牛。

小杨霖身穿一件破旧但干净的蓝色小褂，裤腿被他卷到了膝盖，露出瘦瘦的小腿。他的脚上穿着一双磨破了边的布鞋，走起路来发出"吱吱"的响声。他紧紧地握着牛绳，手心里都是汗水，但这并没有影响他坚定的步伐。

小杨霖牵着牛穿过村庄的小道。路旁的稻田里，稻谷随风轻轻摇曳，发出"沙沙"的响声，仿佛在欢迎他们的到来。小杨霖深深地吸了一口气，空气中弥漫着泥土和青草的清新气息，这是他所熟悉的、深深爱着的味道。

来到后山，小杨霖松开了牛绳，让老黄牛自由地在山上吃草。他则坐在一块大石头上，看着夕阳慢慢落下，天空被染成了火红色。山坡上，老黄牛悠闲地吃着青草，不时地发出"哞哞"的叫声。这声音低沉而浑厚，仿佛是大自然谱写的古老乐章，在山坡间回荡。

后山蜿蜒着一条清澈见底的小溪，溪水源自山间潺潺流淌的山泉。小杨霖轻步至溪畔，双手轻轻捧起一泓甘洌的泉水，他轻轻地啜饮着，感受着那份清凉和甘甜。他向远处望着，他的目光越过小溪，穿过稻田，最终落在了远方那座巍峨的大山上。他不禁想象着，大山的另一边，究竟是怎样一个世界？是更加辽阔的草原？是繁华的城市？还是另一个静谧的村庄？

落日的余晖渐渐褪去，天空被一层淡淡的暮色笼罩。小杨霖不再沉思，他缓缓地站起身，轻轻地拍了拍身上沾染的泥土和草屑，仿佛在告别这片陪伴他度过了一个下午的青山。他走到老黄牛身边，用那双小手熟练地牵起了牛绳，引领着这位温顺的伙伴踏上了回家的路。

小杨霖和老黄牛的身影在暮色中逐渐融为一体，他们相互依偎，共同抵御着夜晚的凉意。他们的步伐稳健而有力，在柔软的泥土上留下了一串深深的脚印。这些脚印在朦胧的夜色中显得格外清晰，仿佛是大自然为他们记录下这段美好的时光。这一幕温馨而和谐，在宁静的乡村夜晚中显得格外动人。

巴掌里的母爱

20世纪70年代的贵州山村，接生婆是村子里不可或缺的角色。她们是村子里经验丰富、技术娴熟的妇人，负责帮助孕妇分娩，确保母婴平安。接生婆通常没有受过专业的医学培训，但她们通过多年的实践和经验积累，掌握了一套独特的接生技术。她们会指导孕妇如何用力、如何呼吸，以及如何处理分娩过程中可能出现的问题。

杨霖的母亲曹峦开就是村里唯一的接生婆，义务为村里的孕妇接生。

提起母亲，杨霖说，母亲的那顿巴掌，让他铭记一生。

那是夏日里极为平常的一个黄昏，夕阳西下，金色的光芒洒满了杨霖家的院子。然而，屋内的气氛却与这暖阳格格不入。

母亲在小杨霖的书包里发现了几支粉笔。她非常生气，认为这是儿子偷拿学校的东西。她决定给儿子一个严厉的教训，让他明白偷东西是不对的。

母亲把小杨霖叫到屋子里，随后关上门，自己则走进堂屋。她示意小杨霖跪在庄严的神龛前，然后，母亲的脸色变得严厉，质问道："你为什么要偷拿东西？"

面对母亲的质问，小杨霖十分不解："我没有偷东西……你冤枉我！""我都看到了，你这孩子，还不承认！"不等小杨霖开口，母亲一把拉住小杨霖，扒下他的裤子，巴掌马上就落到了小杨霖的屁股上。一边打一边说："让你偷东西！让你撒谎……小时敢拿针，长大了就敢拿金！"

母亲的声音带着颤抖，那是愤怒与失望交织的颤抖。小杨霖哭喊道："我没有！我没有！那是我们在路上捡来的……不信你去问朝仁……"母亲停止了手上的动作，让小杨霖站好，认真地说："这次就让你长个记性，不该拿的东西就是不能拿，捡来的也不行！"

小杨霖泪流满面，他知道母亲说得对。

曹峦开看着小杨霖，心如刀绞。但她知道，此时此刻，她必须让儿子明白他的错误。于是，她站起来，走到儿子的面前，轻轻地抚摸他的头，温柔地说："孩子，你要记住，诚实是最重要的。你不能因为一时的贪玩而忘记这一点。"

小杨霖点了点头，泪水滑过他的脸颊，他哽咽着说："我知道我错了，我再也不会这样了。"母亲紧紧地抱住儿子，泪水也顺着脸颊滑落。她知道这是作为母亲的职责，要教会孩子明辨是非。但同时，她也深感痛心，因为打在儿身，痛在娘心。

"好了。"母亲温柔地拍拍小杨霖的背，"事情已经过去了，但你要记住这次的教训，以后不能再犯同样的错误。"小杨霖擦干泪水，抬起头看着母亲，坚定地说："我保证，娘！我会记住的！"母亲欣慰地点点头，她知道儿子已经明白了她的教诲。

晚风带来夜的序曲，屋内的气氛也逐渐恢复了平静。杨霖的母亲曹峦开知道，教育孩子是一个漫长而艰巨的任务。但她也坚信，只要用心、用爱去教育孩子，他们一定会茁壮成长。

父亲的启蒙

杨霖的父亲杨永福的人生，充满了曲折。他最初是一名民办学校的教师，教书育人，传播知识。然而，他内心深处对中医的热爱与追求促使他决定踏上一条新的道路。他毅然拜师于一位颇有名望的老中医，从零开始学习中医理论，勤奋钻研，不断实践。随着时间的推移，他的医术逐渐精湛，深受乡亲们的尊敬和信赖。

1949年10月1日，这一天对于整个中国来说，都是无比振奋、值得永远铭记的。在这一天，中华大地翻开了崭新的篇章，中华人民共和国的成立是一声震天动地的宣告，举国欢庆，人民欢腾。在杨霖的家中，同样洋溢着欢声笑语，因为他们深知，国家的新生也意味着他们的生活将迎来新的机遇和改变。

杨永福，这位一直默默为家庭付出的孩子，此刻得到了一个进入干部学校培训学习的宝贵机会。对于他来说，这不仅仅是一个崭新的起点，更是一条通往广阔天地、辉煌前程的道路。然而，就在他即将踏上这条道路之际，命运却向他发起了一个严峻的挑战。

杨永福的父母身体状况日渐衰弱，需要有人细心照料。作为家中的长子，他是家里的顶梁柱，肩负着沉重的责任。面对家庭的困境和眼前的重任，杨永福没有犹豫，没有退缩，他毅然决然地选择了放弃个人的前程和梦想，留在家乡，守护在家人身边，用他坚实的臂膀为他们撑起一片温暖的天空。

杨霖兄弟姊妹几个年龄相仿，经常因为琐事而闹矛盾，家里总是弥漫着一种压抑和紧张的气氛。因为这样，小杨霖和兄弟姊妹们变得越来越懒惰，对家务事不闻不问，学业也日渐荒废。这样的日子持续了一段时间。直到有一天，小杨霖兄弟姊妹几个再一次因为琐事而闹矛盾，母亲虽然很生气，但却忙于家务顾不过来，到了晚上，他们推推搡搡地睡下了。

"砰！"

一声门响，将小杨霖从梦中惊醒。借着微弱的月光，他看到父亲杨永福铁青着脸站在床前。父亲很少在晚上回家，尤其是在孩子们都睡下之后。

小杨霖心头一紧，意识到家里肯定发生了什么事情。

"别睡了，都起来！"

父亲的声音虽然沉闷，但却充满了不容置疑的威严。小杨霖兄弟姊妹几个哆哆嗦嗦地起了床，跟着父亲走进了堂屋。

"你们知道这个家是怎么过日子的吗？"父亲的声音有些颤抖，"你们知道妈妈每天有多辛苦吗？你们不好好学习，不帮家里干活，像什么样子！"

那是个宁静的夜，月光透过窗户洒在房间里，小杨霖兄弟姊妹几个都低着头，不敢看父亲的眼睛。父亲严厉的表情和严肃的眼神让他们感到害怕，同时心中又涌起阵阵愧意。他们知道，自己犯了错，让父亲失望了。

小杨霖兄弟姊妹几个默默地听着父亲的训斥，他们意识到自己的错误不仅仅是对父亲的辜负，更是对家庭的不负责任。在这个家庭中，每个人都有自己的责任和义务，只有共同努力、互相包容才能让家庭更加幸福美满。

"我今天要给你们上一课！"

杨永福说着，从手提包里拿出来一本破旧的笔记本。那是一本很旧的手抄书，每一页都密密麻麻地写满了字。父亲翻到《三字经》一句一句地为孩子们解读，从"人之初，性本善"讲到"人不学，不知义"。他的声音深沉而有力，仿佛要将每一个字、每一个词都刻进孩子们的心里。

"这是《增广贤文》。"父亲指着另一部分内容说道，"这里面讲的是为人处世的道理，是你们以后走上社会必须领悟的内容。"听着父亲的话，小杨霖心中不禁感慨万千。

那一晚，父亲与孩子们相处的时间似乎比以往任何时候都要长。他不仅谈到了学习的重要性，还深入解读了为人处世的道理，以及人性的善恶美丑。他的言辞犀利而深刻，让孩子们不禁反思自己的行为和态度。

时光如水，悄然而逝。那一晚的场景在杨霖的脑海中逐渐模糊。然而，父亲的话语和教诲却深深烙印在他的心中。杨霖和兄弟姊妹们开始认真对待学业和家务事，他们懂得了仁、义、礼、智、信等为人之道，也努力成为一个更好的人。

如今，那本手抄本已经泛黄，尽显岁月的痕迹。然而，在杨霖心中，它却是无价之宝。每当翻开它时，他都能感受到父亲对他的期望和关爱。父亲的谆谆教诲让他懂得了努力奋斗、团结互助的美德和为人处世的道理。这些价值观一直陪伴着他成长，成为他人生道路上的指引灯塔。

采药记

小杨霖的家乡，是一个藏在深山之中的偏远村落。那里的风景优美，却鲜为人知；那里的空气清新，但贫困却如影随形。村庄的房屋简陋，道路崎岖，仿佛是与世隔绝的另一个世界。村民们日出而作，日落而息，尽管他们辛勤劳作，但却收入微薄，村民们连基本的温饱都难以保障，更不用说购买昂贵的药材了。在这里，生命是脆弱的。每当有人生病，他们只能眼睁睁地看着病情恶化，却束手无策。那种无助和绝望，仿佛一座沉重的大山压在他们的心头。

杨永福看着这一切，心中满是无奈和痛楚。他知道，自己无法改变整个村子的现状，但作为一名医生，他不能眼睁睁地看着村民们受苦。他只要有空就进山采草药，用最古老的方法来帮助那些买不起药的患者。

那是一个清晨，阳光透过稀薄的云层，洒在父子二人的脸上。小杨霖紧紧跟在父亲的身后，踏上了通往深山的路。他们走过崎岖的山路，跨过清澈的小溪，只为寻找那些能够治疗疾病的草药。

山路崎岖，杂草丛生。杨永福手持一把镰刀，不时地割除前方的荆棘。父亲说每种草药都有其独特的生长环境和特征，因此他必须仔细观察、认真辨认。同时，他还必须时刻留意自己的脚步，以免滑倒受伤。小杨霖默默地记住了父亲的话，跟在父亲身后，小心地避开荆棘。

进入深山，树木愈发茂密，郁郁葱葱，而脚下则布满了野草。小杨霖抬头看了看天空，阳光透过云层照射下来，让他感到一丝温暖。他知道这是大自然的力量，也是他此行的动力。

杨永福拿出准备好的袋子，开始采摘草药。他的手法熟练而轻柔，仿佛对待珍贵的宝物一般。小杨霖聚精会神地看着父亲的动作，心中充满了敬畏和好奇。

在采摘草药的过程中，父亲也向小杨霖传授了一些基本的草药知识。这些知识在小杨霖的心中生根发芽，成为他成长道路上的宝贵财富。

时间在不知不觉中流逝，小杨霖和父亲采摘了满满一袋草药。他们满载而归，心中充满了喜悦和满足。这次采药之行不仅让小杨霖增长了知识，还让他感受到了大自然的神奇和美妙。

回到家里，父亲便迫不及待地开始熬制草药。他将采摘回来的草药仔细清洗，放入大锅中慢慢熬煮。随着温度的逐渐升高，草药的香气渐渐弥漫开来，弥漫在整个村庄。

患者们得知杨永福父子俩采回了草药，纷纷前来求助。他们的脸上写满了期待和感激。杨永福将熬好的汤药分装到碗里后，递给每一位前来求药的患者。杨永福看着他们喝下汤药后，脸上痛苦的表情渐消，喜悦之情如潮水般涌来，成就感紧随其后。他知道，自己的付出为患者们带来了实实在在的帮助。

望着那些已经康复的患者脸上洋溢的笑容，杨永福更加坚定了自己继续学习、精进医术的决心。他深知，作为一名医者，肩负着拯救生命、缓解病痛的使命。为了这个使命，他愿意付出一切，继续深入研究草药知识。

这次采药之行，不仅仅是杨永福为自己充实草药知识的过程，更是他以身作则，给小杨霖上的一堂生动的教育课。他带着儿子走进大自然，亲自采摘草药，传授草药知识，让儿子在亲身体验中感受草药的神奇与魅力。他希望通过这种方式，让儿子明白医术的重要性，以及作为一名医者所肩负的责任与使命。同时，他也寄望于小杨霖能够继承自己的衣钵，将这份对生命的关爱与肩负的责任代代相传，为家乡的发展贡献自己的一份力量。然而，命运弄人，后来杨霖选择了成为一名建设工人，最终没有沿着医生的道路继续前行。

在杨霖的心中，父亲是一位医者，更是一位充满仁爱和勇气的英雄。他的一生都在为病人付出，无论何时何地，无论遇到多大的困难和挑战，他都坚守初心，毫不退缩。他用行动诠释着医者的责任与担当，用无私的奉献精神温暖着每一个患者的心灵。

在一个狂风暴雨、雷电交加的深夜，一位邻村的老人突然病发，疼痛难忍，他的家人焦急地敲响了杨永福家的门。杨永福闻讯，迅速穿上外衣，抓起药箱，披上厚重的雨衣，毫不犹豫地跟着病患家属冲出了家门，踏上了雨中泥泞不堪的山路。

小杨霖站在门口，望着父亲那坚定的背影渐渐消失在茫茫黑夜中，心中充满了对父亲的担忧和无尽的敬仰。他知道，父亲不仅是一位兢兢业业的医者，更是一位充满爱心和责任感的人。他相信，无论风雨多么肆虐，父亲都会用他的医术和爱心，为那位病重的老人带去生的希望。

经过漫长而艰难的跋涉，杨永福终于赶到了患者的家中。他顾不上擦拭身上的泥水和汗水，立刻投入紧张的救治工作中。经过杨永福的医治，老人的病情终于有了缓解。

第二天清晨，杨永福疲惫不堪地回到了家中。他的衣服上沾满了泥浆，但他的眼神中却透露出一种难以言表的喜悦和满足。他告诉小杨霖，幸好自己及时赶到，否则后果不堪设想。听到父亲的话，小杨霖心中充满了对父亲的敬佩。他为自己有这样一位伟大而无私的父亲而感到骄傲和自豪。

杨霖的父亲杨永福对待每一位病人都像对待自己的亲人一样。每一次看病他都会把病人照顾得无微不至，直到他们康复为止。"杨永福妙手仁心"在那个小小村落里面传开了。十里八乡越来越多的人来找他看病，甚至有人从几十里外赶来求医。杨永福从不嫌麻烦，总是耐心地为他们诊治。他说，救死扶伤是他的责任和使命。

⊙ 2009年，杨霖（右一）与家人在老屋门前合影

⊙ 2016年，杨霖（右二）与家人合影

第二章　书海扬帆起航

扫码解锁

◉群英颂歌◉匠心谱写赤诚
◉奋斗底色◉夯实建设之基

愉快的小学时光

小学时光，对于杨霖而言，是一段永远铭刻在心的美好岁月。

1978年9月，小杨霖背着母亲亲手为他缝制的小书包，紧紧牵着母亲的手，满心期待地踏进了那扇开启新世界的校门。阳光洒落在校园里，映照着杨霖稚嫩的脸庞，他的心中充满了对未知世界的好奇与向往。

在学校的办公室里，老师微笑着看着这位新入学的小学生。他让小杨霖伸出右手，绕过脑袋，去摸自己的左耳朵。这是一个简单而有趣的测试，也是当年便裳村小学考验乡村小孩是否达到入学标准的唯一条件。小杨霖认真地按照老师的指示去做。他的小手灵活地绕过脑袋，准确地摸到了自己的左耳朵，那一刻，他的脸上露出了自豪的笑容。

这个简单的动作，对于杨霖来说，不仅是他达到上学标准的证明，更是他迈向新世界的起点。小学，这个充满好奇和探索的全新世界，正等待着他去发现、去体验。

杨霖家乡的小山村没有幼儿园，孩子们直接上小学。那所小学，其实只有一间简陋的校舍，几个年级的学生都挤在一间教室里上课。校舍的板壁早已斑驳不堪，窗户上残留着风吹雨打的痕迹，门板也早已破旧，仿佛历尽了沧桑。

然而，就是在这简陋的环境中，孩子们却度过了他们一生中最纯真、最美好的时光。这些破旧的课桌和椅子，见证了孩子们成长的点点滴滴。他们在这里学会了写字、算数、唱歌和做游戏，也在这里结交了值得终生信赖的朋友。

在这个特殊的班级里，由于孩子们并没有被严格地划分年级，他们按照自己的节奏和兴趣进行着学习。学校里唯一的老师是一个本村人，他只有初中学历，薪水微薄，但这并没有妨碍他对知识的追求和热爱，以及对学生的热情，是他让村里的孩子们学习到了知识，开阔了眼界。

这位老师，身材中等但结实，脸上总是挂着温和的笑容。他的眼神中充满了对孩子们的关爱和期待。这位老师根据每个孩子的情况，为他们量身定制学习计划。他用简单易懂的语言，讲解复杂的数学知识；他引导孩子们阅读经典文学作品，开阔他们的视野。他的教学方法灵活多样，让孩子们在轻松愉快的氛围中学习成长。

除了上课学习，小杨霖最快乐的就是玩耍时间。他们上山捉鸟、下河抓鱼、寻些野味、觅些柴火，倒也悠然自得，不亦乐乎。他们在大自然中尽情地玩耍嬉戏，感受着生活的美好和神奇。这些经历不仅锻炼了他们的体魄和意志力，更让他们对生活充满了无限的想象和期待。

姐姐的肩膀

　　杨霖村里的小学只开设到三年级，到四年级的时候，学生们要到河对岸的村里去上学。对岸村里的小学有一间宽敞明亮的校舍，墙上挂着老师们手写的名人名言。每个年级都有自己的教室和老师，这让学生们感受到了归属感和安全感。在这里，杨霖遇到了更多的同龄人，他们来自不同的村庄，有着不同的经历。他们互相学习、互相帮助，建立了深厚的友谊。

　　每天上学，都要穿过一条小河。小河虽然不宽，河水还算平缓，但夏季雨水多，河水常常上涨，他们经常因此而缺课，这使得他们的学习进度受到了很大的影响。每当河水上涨，杨霖就会站在河边，望着对岸的学校，心中充满了无奈。当河水退去时，他会迫不及待地去上学，那种对知识的渴望和对学校的向往让他充满了动力。

　　冬天的时候，河水冷得刺骨，光脚过河是一个不小的挑战。河底的石头和沙子经常会把脚磨破，有时候甚至还会受伤。每次过河后，杨霖和小伙伴们的脚都被冻得通红。尽管如此，他们还是很期待去上学，因为学校里有他们敬爱的老师和亲爱的同学们。在那里，他们可以学到很多知识，可以和小伙伴们一起玩耍、一起成长。

　　有一天，天气非常寒冷，风也很大。放学的时候，杨霖和同学们准备过河回家。突然，他们看到一个熟悉的身影站在河边。那是杨霖的三姐，她穿着一件厚厚的棉袄，手里拿着一双鞋子，在寒风中瑟瑟发抖。

　　杨霖如风般飞奔而来，气喘吁吁地停在三姐面前，眼中满是疑惑与惊喜："三姐，你怎么会在这里？"三姐温柔地微笑着，眼神中满是疼爱："你每天都需要过这条河，现在河水太凉了，怕你受不住。所以，我就特地赶来，背你过河。"

　　听到这话，杨霖心中的感动如潮水般涌来，眼眶不自觉地湿润了。他小心翼翼地爬上姐姐的背，双手紧紧环住她的脖子，身体紧贴着她的背脊，仿佛要把自己所有的温暖都传递给姐姐。他能清晰地感受到姐姐身体的温度，还有那一声声有力的心跳，仿佛是一首美妙的乐章，在他心中回荡。

　　三姐小心翼翼地向前迈着步子，每一步都踏得稳稳当当，生怕滑倒或者碰到河里的石头和沙子。她走得那么认真，那么专注，仿佛背着的是整个世界。每当她迈出一步，小杨霖的心就跟着跳动一下，那是他对姐姐深深的依赖与感激。从那次以后，只要天气特别冷或者河水特别深，三姐就赶来背杨霖过河。这种无微不至的关怀让杨霖感到无比的幸福和满足。同学们都非常羡慕杨霖有这么好的姐姐，他们都说："有姐真好！"

　　是啊！有姐姐真好！杨霖为有这样一位关心他、爱护他的姐姐而感到自豪和幸福。他知道，这份爱是无价的，是他一生中最宝贵的财富。

　　在姐姐的呵护下，杨霖顺利地度过了小学和初中时光。虽然他们的家庭并不富裕，但他们的亲情却十分浓厚。家人的关爱和照顾让杨霖感受到了家的温暖和幸福。他学会了珍惜、学会了感恩、学会了付出。那段美好的时光，那些温馨的画面一直铭刻在他的心中，成为他人生中最美好的回忆之一。

恩师的指引

1987年9月，杨霖踏进了高中的大门。对于杨霖来说，高中的生活是全新的，未知的，充满挑战的。而在这个关键的阶段，他有幸遇到了周赤斌老师，他不仅是杨霖高一的班主任，更是杨霖人生路上的重要引路人。

周老师是一位温和而又严谨的人，他总是面带微笑，给人一种亲切感。在他的带领下，杨霖逐渐适应了高中的生活，也学会了如何去面对挑战和困难。他不仅关心学生们的学习，也关心学生们的生活和成长。周老师经常和学生们分享人生的经验和智慧，让学生们在人生的道路上少走了许多弯路。

周老师的言传身教，让杨霖深刻地体会到了什么是真正的师恩和师爱。他不仅是杨霖学习上的导师，更是他生活中的朋友和引路人。周老师的关爱和教诲，让杨霖对未来充满了信心和期待。

进入高二，杨霖遇到了另一位对他影响深远的老师——廖章义老师。他是杨霖高二的班主任，也是他的化学老师。高二的杨霖偏爱文科，对理科并无太多兴趣，尤其是化学这门科目，成绩一直不尽如人意。然而，廖老师并没有放弃杨霖，反而给予了他更多的关心和帮助。

在一次班会课上，廖老师站在讲台前，面对着全班同学，他的目光严肃而认真。他清了清嗓子，开始说话："同学们，今天我要谈一谈杨霖同学的偏科问题。"杨霖心中一紧，他感到脸上有些发烫。他知道，自己的化学成绩一直不太理想，而语文成绩却很不错，这种偏科的情况在班里已经不是什么秘密了。"杨霖同学在语文方面表现优秀，但在化学上还需要努力。"廖老师的话让杨霖有些尴尬，他低下了头，心里五味杂陈。

"我希望杨霖同学能够认真对待化学，克服偏科问题。"廖老师看着杨霖，眼神里带着期望。杨霖心里一沉，他知道自己做得不够好，但他真的不知道该如何去提高化学成绩。他有些迷茫，也有些沮丧。就在这时，廖老师的话锋突然一转："但是，我要告诉大家，杨霖同学是我见过的最努力的班干部之一。"杨霖猛地抬起头，他看到廖老师脸上露出了微笑。"他不仅在班级里付出了很多，在班级外也有他的身影。我经常看到他在操场上帮助其他同学，他的热心和责任心让我很感动。"廖老师的话语充满了对他的肯定和鼓励。

全班同学都看向杨霖，他们的眼神里充满了敬佩和赞许。杨霖感到自己的心被一股暖流包围着，他有些激动，也有些感动。他的心中充满了感激和信心。他知道，廖老师的鼓励和支持让他有了更多的动力。他决定要更加努力地学习化学，克服偏科问题，不辜负廖老师的期望。

班会课结束后，杨霖走到廖老师面前，深深地鞠了一躬：

"谢谢您的鼓励和支持，我会更加努力的。"廖老师微笑着拍了拍他的肩膀："我相信你一定能做到的！"廖老师的话给了杨霖莫大的鼓舞和信心。他开始认真对待化学这门科目，努力弥补自己的不足。而且廖老师也经常给他单独辅导，帮助他解决学习上的困惑。在廖老师的指导下，杨霖的化学成绩逐渐提高，更重要的是，他学会了如何克服困难、迎接挑战。

除了在学习上给予杨霖帮助之外，廖老师还在生活中关心着杨霖。他知道杨霖家庭条件不好，经常给予杨霖一些生活上的照顾和帮助。他的关爱让杨霖感受到了如家一般的温馨。

因为喜爱语文和写作，杨霖加入了学校的文学社。在文学社的活动中，他有幸遇到了潘刚老师。潘刚是杨霖的辅导老师，也是杨霖人生中重要的伯乐之一。杨霖写的每一篇文章，他都会认真地阅读并提出宝贵的意见和建议。在他的辅导下，杨霖不仅提高了写作水平，也产生了对文学的热爱。

潘老师的悉心指导让杨霖在写作上有了更多的自信和灵感。他教会了杨霖如何去观察生活、感悟人生，如何用文字去表达自己的思想和情感。在潘老师的帮助下，杨霖开始慢慢地展现自己的才华和潜力。

在杨霖的成长过程中，还有许多老师和朋友都给予了他关心和帮助。他们的支持和鼓励让杨霖变得更加坚强和自信。正是因为有了他们，杨霖才能够在人生的道路上勇往直前、不断进步。

与益友同行

除了遇到了良师，杨霖在读书期间还结识了很多益友。

上初中的时候，潘胜尧和杨霖是同班同学。潘胜尧是一个非常优秀的学生，他不仅学习成绩优异，而且多才多艺，深受老师和同学们的喜爱。杨霖虽然也很努力，但他总是觉得自己和潘胜尧还有很大的差距。于是，他决定以潘胜尧为榜样，努力向他学习。

在班里，潘胜尧和杨霖经常被老师安排在一起做小组活动。他们总能迅速完成任务，得到老师的高度评价。有一次，老师布置了一项关于植物生长的实验项目，要求学生们自行分组完成。潘胜尧和杨霖自然地组合到了一起，他们一起挑选植物、设计实验方案、分工合作。在实验过程中，他们默契地协作，遇到问题时总能迅速找到解决方案。最终，他们的实验成果获得全班最佳，老师对他们赞赏有加。

除了在学习上默契配合，潘胜尧和杨霖在生活中也形影不离。他们一起参加学生会的活动策划，一起加入文学社进行文学创作，一起在校篮球队并肩作战。在这些活动中，他们展现出了超乎寻常的默契。

在一次文学社组织的征文比赛中，潘胜尧和杨霖决定联手参赛。他们共同构思了一篇关于友情的文章，在写作过程中互相启发、补充。文章完成后，他们互相修改、润色，力求完美。最终，他们的作品在比赛中脱颖而出，荣获一等奖。

在校篮球球队的训练中，潘胜尧和杨霖的默契配合更是让人惊叹。他们总能准确判断对方的意图，迅速做出反应。在一次比赛中，潘胜尧控球突破对方防线，他一个眼神示意杨霖跑位。杨霖心领神会，迅速切入篮下空位。潘胜尧将球传给杨霖，杨霖接球后轻松上篮得分。这一配合动作流畅、精准，让对手望尘莫及。

他们的默契不仅仅体现在学习上和篮球场上，生活中也处处可见。一个微笑、一个手势、一个眼神，他们都能心领神会，仿佛心有灵犀一点通。这种默契让潘胜尧和杨霖的友谊更加深厚。他们在一起时总是感到快乐和自在，仿佛彼此之间没有任何隔阂。在成长的道路上，他们的友谊成了彼此最宝贵的财富。

除了潘胜尧，对杨霖产生了深远影响的还有吴松。

高中一年级的那个中秋节，杨霖和吴松留在了学校。他们都来自远离县城的农村，家境并不富裕，回家的路费对他们来说是一笔不小的开销。每当节日来临，县城里的氛围总是特别浓厚，到处张灯结彩，欢声笑语不断。然而，对于杨霖和吴松来说，这种热闹与他们似乎并没有太大的关系。

那天傍晚，杨霖和吴松来到了学校前面那座山的半山腰上。坐在那里，可以俯瞰整个县城，万家灯火尽收眼底。远处，烟花一朵朵绽放，绚丽多彩，伴随着鞭炮的噼啪声，整个城市都沉浸在欢快的节日氛围中。

吴松看着远方，语气有些低沉地说："杨霖，你看那万家灯火，却没有一盏是属于我们的。"杨霖转头看向吴松，他的眼神坚定而明亮。他知道，吴松的话不仅仅是感慨，更多的是对未来的期望和对自己的鞭策。

"我们要努力，若干年后，希望这座城市也能有属于我们的一盏灯。"杨霖回答道。两人会心一笑，彼此都明白对方的决心和志向。从那一刻起，他们更加珍惜彼此的友情，共同为那个梦想努力拼搏。

在接下来的日子里，杨霖和吴松成了无话不谈的朋友。他们一起学习、一起探讨问题、一起参加各种活动。在彼此的陪伴下，他们克服了一个又一个困难，取得了一个又一个进步。

有一次，杨霖因为家里的事心情低落，吴松察觉到了他的异样，主动上前询问。在吴松的安慰和鼓励下，杨霖敞开心扉，诉说自己的烦恼。吴松耐心地倾听，并给予了杨霖很多实用的建议。在吴松的陪伴下，杨霖逐渐走出了阴霾，重新找回了自信和动力。

还有一次，吴松在学习上遇到了瓶颈，成绩一直无法突破。杨霖主动分享了自己的学习方法和心得体会，帮助吴松找到了问题的症结所在。在杨霖的帮助下，吴松的成绩逐渐有了起色，最终也取得了优异的成绩。

在相互支持和鼓励中，杨霖和吴松度过了高中时期最艰难的时光。他们的友情成了彼此最宝贵的财富和力量源泉。

第三章　情寄警营深处

扫码解锁

◉群英颂歌◉匠心谱写赤诚
◉奋斗底色◉夯实建设之基

入伍送行宴

1990年的夏天对杨霖来说，仿佛是被时光之神特意雕琢过的一个季节，虽充满了遗憾，却也在不经意间书写了他生命中难以忘怀的一页。

那个夏天的阳光，像是被某种魔法加持了一般，比往年的任何时候都要刺眼，每一束光线都仿佛带着无尽的热情。然而，杨霖的心却像被厚厚的云层遮蔽，无论阳光如何努力，都难以驱散他心中的阴霾。

高考填报志愿的那一天，杨霖的心情如同过山车般起伏不定。他怀揣着对大学的无限憧憬和期待，却在最后一刻遭遇了残酷的失败。那个心心念念的大学校园与他擦肩而过，仿佛是一个触手可及却又失之交臂的梦。一时间，杨霖的世界仿佛崩塌了。所有的梦想和期待，在那一刻都化为了泡影，他的心中充满了无尽的失落和迷茫。他不知道该如何面对这个结果，更不知道未来的路该如何走下去。

那个夏天，杨霖常常独自一人坐在窗前，望着窗外的天空发呆。他试图从那些飘过的云彩中寻找答案，却只看到了无尽的变幻。他的心情如同那夏日的天气，时而晴朗，时而阴沉，难以捉摸。

杨霖的成绩一直很好，他是村里人的骄傲，是父母心中的希望。然而，命运却在这个时候跟他开了一个残酷的玩笑。高考填报志愿的失误，让他失去了进入大学的机会。村里的人们都为他感到惋惜，说杨霖运气不好，甚至有些人开始在背后议论纷纷，说他不该这么轻率。

就在杨霖准备复读的时候，一个消息像春风一样吹进了他的心里。部队到学校来征兵了！这对杨霖来说，无疑是一个千载难逢的机会。他深知，生活不会因为一次失败就停止前进的脚步。而且，他心中还有一个梦想，那就是成为一名军人，为国家、为人民奉献自己的青春和热血。在操场上，杨霖被接兵官一眼相中。接兵官看中了他挺拔的身姿和坚定的眼神，认为他是一个难得的好苗子。于是，接兵官开始动员杨霖报名参军。

那是一个让人难以忘怀的早晨，阳光如同金子般洒落在大地上，将万物都镀上了一层金色。杨霖坐在自家的木桌前，手中紧紧握着那份入伍通知书，内心的激动如同翻涌的江水，几乎要冲破胸膛。他望着窗外明媚的阳光，眼中闪烁着坚定的光芒，仿佛看到了自己即将踏上的那条充满荣耀与使命的道路。

家里的气氛异常热烈，为了庆祝这个特殊的日子，杨霖的父母特地准备了一场丰盛的宴席。乡邻和亲友们纷纷前来祝贺，他们的脸上洋溢着笑容，话语中充满了对杨霖的期许和祝福。杨霖穿梭在人群中，不断地向大家敬酒，感谢他们的支持与鼓励。这天，杨霖喝了很多酒，这是他人生中第一次喝酒。酒精让他的脸颊泛起了红晕，眼中的光芒却更加明亮。他感觉自己仿佛置身于一个梦幻般的世界，一切都变得如此美好。

1990年11月20日，是杨霖要离开家参军入伍的日子。这一天，整个村子都沸腾了起来。村民们早早地聚集在村口，敲锣打鼓地为杨霖送行。他们的脸上写满了自豪与期待，仿佛看到了杨霖在部队中崭露头角、建功立业的辉煌未来。在村民们期盼的祝福声中，杨霖向村里的老人和父母行了叩拜礼，表达着自己对长辈们的尊敬和感激。他的眼眶微微湿润，心中充满了不舍与留恋。

然而，他知道，自己即将踏上的是一条充满挑战与机遇的道路，他必须勇敢地面对未来。随后，杨霖像一位英雄一样走在队伍的前头，他迈着坚定的步伐，带着全村的期望与骄傲前行。他走过了熟悉的村庄，走过了那条蜿蜒的小路，一直走到了区上，并代表新兵发言。他的身影在阳光下被拉得长长的，仿佛一道坚定的印记，刻在了这片土地上。

那一刻，他感到自己仿佛已经融入了这支队伍，成了这个伟大国家的一名战士。他的心中充满了豪情壮志，他知道，自己将要用汗水和热血，为国家的繁荣富强贡献自己的力量。而那个阳光明媚的早晨，将永远留在杨霖的记忆中，成为他人生中最难忘的一页。他将永远铭记那一刻的激动与自豪，以及那份对家乡和亲人的深深眷恋。

忐忑的行程

在县里集结的那个晚上，杨霖躺在床上，辗转反侧，难以入眠。他的眼前是一扇半开的窗户，朦胧的月光透过窗帘的缝隙，斑驳地洒在他的脸上。那光亮映出他眼中闪烁的思绪，也映照出他内心深处复杂而沉重的情感。

这是他第一次远离家乡，也是他第一次踏入部队的大门。家乡熟悉的土地、亲人温暖的目光、朋友间的欢声笑语，此刻都仿佛化作一根根无形的线，紧紧地拉扯着他的心。然而，他也明白，这次离家，是为了追寻一个更为崇高的理想，是为了在青春的岁月里为国家、为人民贡献自己的一份力量。

月光如水，缓缓地流淌在杨霖的心间。他回想起临行前，父母眼中那不舍与骄傲的神情，以及乡亲们热切的目光和祝福的话语。那些画面在他脑海中一一闪过，让他感受到一种难以言表的情愫。他知道，自己的选择不仅关乎自己的未来，更承载着家乡父老的期望和重托。

此刻的杨霖，心中既有对未知生活的期待，也有对亲人朋友的思念。他希望能够在部队中锤炼自己的体魄和意志，期待着与战友们并肩作战、共同成长；同时，他也思念着家乡的每一寸土地、每一位亲人朋友，思念着那些曾经度过的快乐时光和美好岁月。

　　杨霖躺在床上，思绪不禁飘回了充满青春活力的校园时光。那些无忧无虑的日子，仿佛是一首欢快的歌，每一个音符都充满了青春的旋律。他与同学们一起度过的欢乐时光，一幅幅生动的画面，如今也在脑海中一一重现。

　　他清晰地记得，在篮球场上，自己与队友们挥洒汗水。每一次跃起投篮，每一次成功的防守，都让他们热血沸腾，充满了青春的激情。篮球撞击地面的声音，队友们呼喊加油的声音，以及胜利后欢呼雀跃的声音，都成了他心中最动听的旋律。而在教室里，则是另一种状态。他埋头苦读，沉浸在知识的海洋中。那些密密麻麻的文字，仿佛变成了一个个鲜活的生命，与他交流着思想，启迪着他的智慧。他享受着这种安静而充实的感觉，仿佛整个世界只剩下了他和那些书籍。

　　曾经的点点滴滴，如今都变成了杨霖心中最珍贵的回忆。他回想起那些与朋友们的欢笑打闹，与老师们的深刻交流，为了梦想而努力奋斗的日子，每一个细节都如此清晰，仿佛就在昨天。

　　杨霖还想起自己小时候的梦想，那个将军梦。那个梦想，如同种子一般，深深地扎根在他的心中，陪伴着他度过了无数个日夜。儿时的他，总是幻想着自己有一天能够穿上笔挺的军装，英姿飒爽地站在国旗下，指挥着千军万马，为国家立下赫赫战功。他曾在无数个夜晚，凝视着星空，想象着自己成为军人的模样，那份豪情壮志，仿佛能够穿越时空，触动他年轻的心灵。

　　杨霖向往着那种紧张而有序的生活，向往着与战友们并肩作战的日子，向往着为国家、为人民奉献自己的青春和热血。他知道，部队生活将会是一段充满挑战和机遇的旅程，但他愿意去尝试、去拼搏、去实现自己心中的那个梦想。

如今，杨霖踏上了这条充满未知与期待的军旅之路。他明白，那个将军梦或许依然遥远，但只要心怀信念、勇往直前，就一定能够走出一条属于自己的精彩道路。他相信，在未来的日子里，他一定能够用自己的汗水和努力，书写出属于自己的军旅传奇。

夜渐深，窗外的月光也渐渐淡去。然而，杨霖心中的思绪和情感却不似那斑驳的月光，依旧难以平静。他静静地躺在床上，任由那些复杂的情感在心中翻涌、交织。他期待着新的一天，新的开始。

钢筋铸铁骨

一路向北，杨霖等新兵们乘坐的军列沿着长长的轨道，历经了漫长旅程，终于在西安火车站缓缓停下。他的心情既激动又充满期待，因为自己即将要开启一段全新的征程。

下了火车，杨霖等新兵们就被接到了武警陕西省总队西安市支队轮训基地。新兵们的心情异常激动，他们一路上欢声笑语，高歌猛进，在美好的憧憬中踏上了这片陌生的土地。他们的新兵连坐落在陕西秦岭脚下，一个充满神秘色彩的地方。

不远处，有一个武警中队在值守，战士们身着迷彩服，手持钢枪，守护着这片土地的安宁。这里的村民们过着朴实而宁静的生活，与基地保持着一种和谐的距离。杨霖等人望着眼前的一切，心中不禁涌起一股敬畏之情，他们明白，来到这里，就意味着要接受严格的军事训练，要时刻保持警惕，维护军人的荣誉和尊严。

杨霖被分到了三排十二班，班长是一个身材结实的山东人。班长将新兵们带到宿舍安顿好后带他们去食堂吃饭。杨霖和几个贵州老乡吃了几口，便回宿舍休息了。这几天的奔波和劳累让他们感到筋疲力尽，一躺下便沉沉地睡去了。

睡梦中，杨霖仿佛置身于一个奇幻的世界。一会儿是在学校的课堂上听讲，一会儿是在火车上摇摇晃晃地前行，一会儿又好像回到了父母的身边，享受着家庭的温暖。这些画面在他的脑海中交织着。

然而，还没等他休息好，一声尖锐的哨响就将他从梦境中拉回了现实。紧接着是班长催促起床的声音，入伍第一天的新兵训练开始了。

"看好了，被子要这样叠，才能叠成豆腐块。"班长一边说，一边将手中的被子熟练地折叠、压实，不一会儿就叠成了"豆腐块"。新兵们看得目瞪口呆，没想到叠被子还有这么严格的要求。他们纷纷动手尝试，但被子在他们的手中仿佛变得不听话了，一会儿这边鼓起，一会儿那边塌陷，始终无法达到班长所要求的标准。

　　早餐时间到了，稀饭和馒头被端上了桌。杨霖看着眼前的食物，心中涌起一股莫名的失落。对于南方人的他来说，饮食习惯实在与警营里的这些食物相去甚远。然而，他知道这是部队的规定，是他必须遵守的纪律。

　　早饭后便开始了上午的训练，站军姿是新兵的必修课。新兵们笔直地站立着，双手紧贴裤缝，目光坚定。尽管汗水浸湿了他们的迷彩服，但他们依然纹丝不动。

　　午餐是面条，相比早餐的馒头和稀饭，面条稍微能让杨霖提起一点儿胃口。他忐忑期待地挑起一筷子面条，细细品味着。虽然觉得有些寡淡，但他还是努力让自己多吃一些，因为下午还有高强度的训练。

　　晚餐还是馒头，但多了三个菜。虽然菜品不算丰盛，但对于已经疲惫不堪的杨霖来说，已经算是不错了。尽管依然没有胃口，但他还是努力让自己适应这种生活。

　　刚吃过晚饭不久，便响起了集合的哨声。新兵们迅速集合在一起，开始学习唱军歌。军歌的旋律激昂慷慨，歌词充满了对祖国的热爱和对军人的崇敬。杨霖虽然对唱歌并不擅长，但他还是认真地跟着班长学习。

　　就这样，新兵连的第一天在紧张而有序的节奏中度过了。杨霖躺在床上，回想着这一天的经历。虽然训练的艰苦让他感到有些难以承受，但他知道这是自己成长的过程，是自己成为一名军人的必经之路。他深吸了一口气，下定决心要坚持下去，不辜负父母和祖国的期望。

　　在接下来的日子里，杨霖逐渐适应了部队的生活。他学会了如何快速叠好"豆腐块"、如何保持良好的军容军姿、如何与战友们团结协作。他也逐渐明白了部队生活的真谛：纪律严明、服从命令、吃苦耐劳、无私奉献。

虽然在轮训基地新兵连的生活充满了挑战和困难，但杨霖从未退缩过。他用自己的汗水和努力证明了自己的价值，也赢得了战友们的尊重和信任。他知道，这段经历将成为他人生中宝贵的财富，将永远铭刻在他的心中。

在训练的日子里，杨霖也收获了很多。他学会了如何面对困难和挑战，如何调整自己的心态和情绪。他也更加深刻地理解了军人的使命和担当，更加坚定了自己为国家和人民服务的决心。

最终，杨霖以优异的成绩完成了新兵训练，正式成为一名武警战士。他站在操场上，看着鲜艳的五星红旗在蓝天白云下迎风飘扬，心中充满了自豪和荣耀。他知道，这是自己人生中一个重要的转折点，也是自己走向辉煌未来的起点。

立志做先锋

当时部队里流传着一句话："当兵后悔三年，不当兵后悔一辈子。"这句话对杨霖来说，起初只是一句口号，但随着时间的推移，他逐渐领会到了其中的深刻含义。

在部队里，杨霖始终以高标准、严要求来督促自己，不断提高各方面的技能。他明白，只有不断进步，才能更好地完成任务，更好地保卫祖国和人民的安全。因此，他无论是在训练还是执勤中，都始终保持着高度的警惕和专注，努力做到最好。

经过一段时间的努力和锻炼，杨霖被评为优秀士兵，并获得了连队的嘉奖。这是他对自己努力的最好证明，也是他对部队培养的最好回报。

下连时，杨霖被新训首长选到了武警陕西总队西安市支队机动大队一中队一排一班，成了一名排头兵，并获得了一个"陕西第一兵头"的称号，这让他倍感荣幸和自豪。他以为下连后训练强度会有所减弱，但没想到下连后更加辛苦，不仅要当班执勤，还要进行各种训练。他们的口号是"养兵千日，训练千日，用兵千日"。

虽然训练强度很大，但杨霖和战友们在新兵训练时已经打下了坚实的基础，所以每一科目都能顺利过关。他们的部队身兼两职，既是专门负责西安市看守所执勤任务的执勤中队，又是能够灵活应对西安市内各项突发执勤需求的机动中队。

在部队里，杨霖和战友们经常面对各种复杂的情况和危险的任务。但他们始终保持着高度的警惕和冷静的头脑，用自己的实际行动捍卫着国家和人民的安全。

在执行任务时，杨霖总是冲在最前头。他用不服输的干劲儿努力着，流血流汗但绝不流泪。无论是训练、站岗还是执勤，他都会用最高标准要求自己。他当过机枪手、通讯员、文书和班长，在部队里，他不断地挑战自己、超越自己。

下连没多久，杨霖就参加了大比武。在比武中，他展现出了过人的技能和素质，获得了领导和战友们的高度评价。之后，他又多次受到各级表彰，成了部队里的佼佼者。他获得了"擒敌技术能手""神枪手""执勤能手"等荣誉称号，成了他们部队的全能"三手"。

1993年7月1日，对于杨霖而言是意义非凡，值得永远铭记的日子。经过在部队中无数次的历练与磨砺，他凭借坚定的信念、卓越的表现和无私的奉献，最终赢得了党组织的青睐和信任。

在庄严而神圣的入党仪式上，杨霖紧握拳头，目光如炬，坚定地宣读了入党誓词，激昂的语调中流露出他对党的忠诚、对祖国的热爱和对革命事业的执着追求。从那一刻起，他成了一名真正的共产党员，立志要肩负起更加崇高的使命和责任。

入党对杨霖来说，是他个人成长历程中的一座里程碑，他的事迹在部队中被传为佳话，激励着更多的士兵以他为榜样，奋勇向前，为党和人民的事业贡献自己的力量。在后面的日子里，杨霖继续以一名共产党员的标准严格要求自己，不忘初心，牢记使命，艰苦奋斗！

在部队的生活中，杨霖不仅学到了专业技能和军事知识，更学会了如何直面挑战，勇于攻坚克难。他明白，只有不断地挑战自己、超越自己，才能在人生的道路上走得更远。这种精神不仅体现在他的训练中，也贯穿在他的日常生活中。

有一回，部队突然接到了上级下达的紧急任务，命令杨霖等人完成一项艰巨的巡逻任务。当时，天色已经渐暗，雪花如鹅毛般纷纷扬扬地飘落，狂风呼啸着，仿佛要将整个世界吞噬。气温骤降，寒风刺骨，让人感觉仿佛置身于冰窖之中。

然而，杨霖和他的战友们没有丝毫退缩之意。他们深知，作为一名军人，肩负着保家卫国的重任，任何困难和挑战都不能阻挡他们前进的脚步。他们迅速换上厚厚的棉服，戴上风雪帽和手套，整理好装备，毅然踏上了巡逻的路程。雪地里，他们的步伐坚定而有力，留下的脚印深深地印在雪地中。尽管风雪肆虐，但他们的眼神却充满了坚定和勇敢，圆满地完成了任务。

除了执行任务外，杨霖还积极参加各种文体活动和社会公益活动。他曾在支队篮球队效力，为部队争得了不少荣誉。他还利用业余时间参与社区志愿服务活动，帮助当地居民解决实际困难。这些社会实践不仅丰富了他的人生阅历，也让他更加深入地了解了社会，领悟了人生。

如今回首那段部队生活，杨霖依然感慨万千。他深知那段经历不仅塑造了他的性格和品质，更让他成为一个有担当、有责任心、有情怀的人。他感谢部队的培养和磨炼，让他拥有了更广阔的视野和更深刻的认识。他也将继续努力，用自己的实际行动回报社会和国家。

在后来的日子里，杨霖也始终保持着军人的本色，为国家和人民贡献自己的力量。他相信只要坚定信念，勇往直前，就一定能够创造出更加辉煌的明天。

泪别战友情

"铁打的营盘流水的兵"。这句话如同一首悲壮的离歌，在杨霖的心中久久回荡。在部队这座充满磨砺与挑战的大熔炉里，杨霖如同一块粗糙的石头，经过岁月的洗礼和锻炼，逐渐变得光滑而坚硬。然而，三年后，他同大多数战友一样，站在了人生的十字路口，面临着是否离开部队的抉择。

那是一个清晨，阳光透过云层，洒在营区的每一个角落。杨霖站在营区的门口，望着那熟悉的橄榄绿，心中涌起一股难以言喻的感慨。他深知，这一别或许就是与武警使命的永久诀别。那个曾经立志报国的杨霖，将再也无法身着那象征着责任与荣誉的武警制服，守护那片广袤土地上的平安与稳定。

他回想起自己刚入伍时，还是一个稚嫩的少年，对一切都充满了好奇。然而，部队的严格纪律和高强度的训练让他很快就体验到了军人的不易。在部队的日子里，杨霖经历了太多的风雨和坎坷。他和战友们一起训练、一起执行任务，共同度过了许多难忘的时光。他们曾在烈日下挥汗如雨，也曾在寒风中挺立如松。他们曾并肩作战，共同完成各项执勤任务；也曾携手前行，在灾难面前挺身而出。这些经历让杨霖更加坚定了自己的信仰和追求，他深知，作为一名武警战士，就要有战士的担当和责任。

然而，岁月不居，时节如流。转眼间，杨霖的部队生活即将结束。他知道，自己将再也无法像过去那样，每天清晨站在岗亭上，望着那初升的太阳。

杨霖参加过军校的考试，但事与愿违。考军校落榜的那段时间，杨霖的心情低落到了极点。那段时间，仿佛他的整个世界都失去了色彩，只剩下灰蒙蒙的一片。夜幕降临，杨霖独自一人坐在营房的角落，默默地承受着那份难以言喻的失落和痛苦。

不知什么时候，几位战友来到了杨霖的身后。他们的到来让杨霖感到了一丝温暖和安慰。他们彼此没有说话，只是用眼神进行着交流。此时无声胜有声，杨霖的情绪再也难以控制，顿时泪如雨下。

在退伍前，杨霖很感谢一个人，那就是他的队长郭英平。临复员的那段日子，部队里弥漫着一种说不出的情绪。老兵们的心情如同被秋风吹过的树叶，既有不舍的留恋，又有对未来生活的迷茫与担忧。郭英平队长深知这些老兵们即将面临的生活转变，他静静地观察着每一个人的情绪变化，尤其是杨霖。

那天下午，阳光透过树叶的缝隙洒在营区的操场上，一片金黄。郭英平队长找到了正在独自徘徊的杨霖，他微笑着走上前，拍了拍杨霖的肩膀，说："杨霖，我们找个地方坐坐吧。"

他们来到了营区后的小树林里，这里十分安静，只有偶尔传来的鸟鸣声和远处训练场上的口号声。郭英平队长坐在一块大石头上，示意杨霖坐在他的旁边。

郭英平队长开口说道："杨霖啊，你这段时间心情很低落，我都看在眼里。我知道你心里不好受，但你要知道，人生总会有起有落，关键是要学会面对。"

他的话语像一股暖流涌进杨霖的心田，让他感到一阵莫名的感动。他抬起头，看着郭英平队长那深邃的眼眸，仿佛看到了他经历过无数风雨的坚韧与智慧。

"队长，我……"杨霖的喉咙里仿佛堵着什么，一时间说不出话来。

郭英平队长轻轻地拍了拍他的肩膀，说："我知道你想说什么。你努力了，也付出了，但结果并不如你所愿。这并不代表你失败了，只是说明你需要找到更适合自己的路。"

杨霖点了点头，深吸了一口气，说："队长，我会记住你的话的。"接着，郭英平队长开始和杨霖聊起了他的未来，并提出了让杨霖留在西安找一份工作的建议，还承诺会给他各方面的帮助。

杨霖听着队长的话，心中涌起一股暖流。他知道，队长是真心实意地想帮助他，这让他感到很温暖。然而，经过一番深思熟虑后，杨霖还是拒绝了队长的好意。他想离开这个充满回忆的地方，去追寻属于自己的梦想。他感激地看着郭英平队长，说："队长，谢谢你的关心和理解。我会带着你的祝福和信任离开，去开始新的生活。"

郭英平队长听了杨霖的话，没有说什么，只是微笑着点了点头。他站起身，拍了拍杨霖的肩膀，说："好样的，杨霖。我相信你一定能够闯出一片属于你的天地。"

杨霖也站起身，与队长紧紧握手。那一刻，他们之间的情感仿佛超越了简单的上下级关系，变成了一种深厚的情谊。

杨霖即将脱下军装，踏上新的人生征程，而这一刻，分别的钟声也在他耳畔悠扬回荡。他静静地坐在营房的角落里，思绪如潮水般涌上心头，一幅幅曾经共度的画面在脑海中清晰浮现。

他记得那些热血沸腾的日子，他和战友们肩并肩，在烈日下挥汗如雨，共同迎接每一次挑战。他记得那些深夜的谈心，他们围坐在一起，分享彼此的喜怒哀乐，倾诉着心中的梦想与追求。

这些画面在他心中交织成一幅幅动人的画卷，每一帧都充满了深厚的情谊和无尽的感慨。他的眼角湿润了，泪水悄然滑落，那是对过去的不舍，也是对未来的期待。

他拿起笔，轻轻地在纸上挥洒着心中的情感。他写下了《致我脱下军装的战友》，每一个字都凝聚着他的感激和祝福。他感谢战友们一路的陪伴和支持，感谢这段难忘的部队生活给予他的成长和历练。他祝福战友们在未来的日子里，能够继续发扬军人的优良传统，为祖国的繁荣富强贡献自己的力量。

纸上的字迹渐渐模糊，但他的心却愈发坚定。他知道，即使脱下军装，他们依然是彼此最坚实的后盾，他们的情谊将永远铭刻在心间。他期待着与战友们再次相聚的那一天，共同回忆那些曾经的点点滴滴，共同书写属于他们的新篇章。

致我脱下军装的战友

我亲爱的战友

我知道你还恋着那一身橄榄绿

恋着那整齐的步伐

恋着洪亮的口号和军歌嘹亮……

也还铭记曾经立下的誓言

可我们离开了

我们回到平凡

我们却还没有军功章

我们还没机会成为英雄

可我亲爱的战友

如果今生我们无法成为英雄

那我们就以军人的名义

英雄地活着

　　每一个字都充满了他对那段时光的怀念和对战友们的思念。他心里想着："我们曾经一起走过那段艰难的路，一起经历了那些难忘的瞬间。如今，虽然我们已经各自奔向了不同的人生道路，但那份深厚的战友情谊，却永远铭刻在我们的心中。无论岁月如何变迁，无论我们身在何方，我们都会永远铭记那段时光，永远怀念那些并肩作战的日子。"

　　写完后，杨霖轻轻放下笔，望着窗外的夜空。夜空中繁星点点，仿佛是他那些战友们在向他招手。他深知，虽然自己脱下了军装，但那份军人的担当和责任，却永远不会消失。他会永远铭记自己的使命，为祖国的繁荣富强和人民的幸福安康，贡献自己的力量。

　　杨霖知道，只要心中永远怀揣着那份军人的信仰和追求，无论身处何方，无论面对何种困难和挑战，他都能勇往直前、无所畏惧。杨霖离开部队的那天，郭英平队长亲自送他到门口。他站在营区的大门口，目送着杨霖远去的背影，眼中充满了不舍和祝福。他知道，这个年轻的战士将会带着他的祝福和信任，去迎接新的挑战，创造属于自己的辉煌。

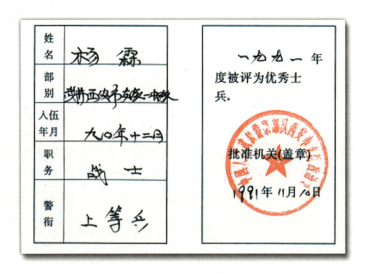

⊙ 1991年，杨霖获得优秀士兵证书

⊙ 1993年，杨霖（后排右三）退伍前与战友合影留念

 第四章　漂泊在外开启新征程

扫码解锁

◎群英颂歌◎匠心谱写赤诚
◎奋斗底色◎夯实建设之基

离乡追梦

1993年11月初，空气中弥漫着一种离别的气息。西安，这座见证了无数英雄豪杰的古城，此刻，在杨霖的眼中是如此的依依不舍。一首《别了，长安城》在耳边轻轻响起，每一个音符都如同杨霖心中的涟漪，荡漾着不舍与感慨。

杨霖站在车站的月台上，战友们一个个拥抱告别，那些粗糙的手掌和坚定的目光让他瞬间泪目。他们没有说什么豪言壮语，只是简单的一句"保重"，却包含了太多的情感与不舍。

火车缓缓驶入站台，杨霖最后看了一眼这座熟悉的城市，然后踏上了回乡的列车。车厢里人声鼎沸，他却仿佛置身于另一个世界，心中充满了对未来的迷茫。

复员回到家的日子，对杨霖来说就像是被困在了一个漫长的冬眠季节。他仿佛被一种无形的力量束缚着，让他无法自由呼吸，无法走出那扇紧闭的房门。他几乎不出门，每天都躲在自己那狭小的房间里，与外界隔绝。

房间里弥漫着一种沉闷的气息，窗外的阳光透过窗帘的缝隙，斑驳地洒在地上。杨霖静静地坐在床边，双手抱膝，眼神空洞地望着前方。他的思绪如同飘散的烟雾，在脑海中弥漫开来。

他回忆起在部队的日子，那些与战友们携手并肩的日日夜夜，仿佛就在昨天。他们一起训练，一起战斗，一起分享着青春的欢笑和泪水。那些画面在他的脑海中清晰浮现，仿佛触手可及。

然而，当他回到家乡，面对那些熟悉的父老乡亲时，他却感到一种难以言喻的愧疚。入伍时，全村人敲锣打鼓送杨霖出门的场景历历在目。亲人们那种殷切的目光，乡亲们的信任，仿佛成了他肩上的沉重负担。杨霖觉得自己无法回应他们的期望。他觉得自己在部队期间，虽然历经重重磨砺，不断成长，但却没有取得令人瞩目的成就。他觉得自己辜负了乡亲们的期望。

杨霖独自一人躺在床上，听着窗外的虫鸣和风声，心中充满了无尽的失落和迷茫。他不知道自己该如何面对这一切，该如何重新开始新的生活。但他知道，无论前方有多少困难和挑战，他都必须勇敢地面对。

那段时间，杨霖母亲的心情也不好，她每天催着杨霖找对象结婚。但杨霖的心却像被什么东西堵住了一样，透不过气来。他不知道自己想要什么，也不知道未来的路该怎么走。

离家是杨霖当时迫切的想法，尽管春节将至，但他还是决定离开这个充满回忆的地方。随后，杨霖开始联系那些与他一同退伍回家的战友，他认为他们或许也面临着相似的境遇。在打了多个电话之后，杨霖联系到了四位战友，他们决定一同去闯荡。前路茫茫，没有目标和方向，但杨霖深知自己必须勇敢地迈出脚步，去寻找属于自己的广阔天地。

1993年12月底，父亲杨永福送杨霖走了很远，临别，他深切地对儿子说："外面不好就回来，我们都在，生活没问题。"杨霖听着父亲的话，眼眶不禁湿润了。他知道，这是父亲对他的关心和鼓励，也是对他的期望和嘱托。父亲把手里仅有的八十元钱塞给了杨霖。杨霖接过钱，没有说话，只是深深地看了一眼父亲那沧桑的脸庞，然后，他转身走向车站。

从这次离家开始，杨霖的人生开启了新的篇章。他带着父亲的期望和惦念，踏上了未知的旅程。虽然前路茫茫，但他从未放弃过自己的梦想和信念。

在后来的日子里，杨霖经历了许多挫折和困难，但他从未被打倒。他知道，只有经历了风雨的洗礼，才能迎接彩虹的出现。他用自己的双手创造了自己的未来，也实现了对家乡父老的承诺。

每当回想起那段离别的日子，杨霖都会深深感慨。他知道，那段经历让他更加成熟和坚强，也让他更加珍惜现在所拥有的一切。他感谢父亲的支持和鼓励，也感谢那些曾经并肩作战的战友们。他们的陪伴让他更加坚定地走向未来。

饥饿的绅士

离开家乡之后，杨霖与四位同样境遇的战友会合，他们并肩站在火车站的月台上，一起踏上了人生的新征程。坐在缓缓驶离的列车上，他们的心中充满了对未来的期待与忐忑。他们之间的默契和战友情谊在旅途中愈发深厚，像是一条无形的纽带，将他们紧紧相连。然而，前方的路却如同迷雾中的小径，充满了未知和挑战。

第一站，他们选择了海口。这座南海之滨的城市对他们来说充满了新鲜感。他们带着军人的坚韧和毅力，满怀信心地踏上了这片土地。然而，人生地不熟的环境和初来乍到的迷茫，让他们在这座城市中如同无头苍蝇般四处碰壁。

在海口的街头巷尾，他们背着简单的行囊，穿梭在熙熙攘攘的人群中。他们询问着过往的路人，寻找着可能的机会和希望。然而，现实却残酷地让他们一次次碰壁。

每当夜幕降临，他们便会聚在一起，分享着各自的遭遇和感受。他们的眼神中透露着疲惫和无奈，但更多的是坚定和不屈。他们知道，只有坚持下去，才能找到属于自己的路。

在海口的日子里，囊中羞涩的他们舍不得品尝当地的特色美食，只感受了热带气候的湿润与炎热。他们漫步在海边，听着海浪拍打着岸边的声音，心中涌起一股莫名的情感。他们看着远方的海平线，心中充满了对未来的憧憬和期待。

然而，现实却让他们不得不面对残酷的选择。辗转到湛江时，他们的口袋里已经所剩无几。面对现实的困境，三位战友选择了回家。他们默默地背着行李，与杨霖和另一位战友告别。那一刻，他们的眼神中充满了不舍和无奈，但更多的是对彼此的祝福和期待。

送走回家的战友后，杨霖和洪发斌相视而坐，眼中充满了犹豫。最终，他们决定抛硬币来做出下一步的抉择，就像把命运交给了一个旋转的舞者。硬币被轻轻抛出，它在空中轻盈地翻飞，那闪闪发光的表面在阳光的照射下，显得尤为耀眼。空气仿佛凝固了，他们的呼吸也随之变得急促。他们的目光紧紧追随着那枚小小的硬币，如同追寻着未来的轨迹。那枚硬币，此刻承载了他们所有的希望与恐惧，也决定了他们接下来的方向。

硬币在空中划过一道优雅的弧线，宛如流星划过夜空。然后，"叮"的一声脆响，它轻轻地落在了地上，弹跳了几下，最后静静地躺在了那里。那一刻，时间仿佛被拉长了，他们的心跳声在耳边清晰地回响，仿佛是命运的鼓点，在催促他们做出选择。

他们蹲下身，小心翼翼地捡起那枚硬币。他们的手指轻轻触碰着那枚硬币，仿佛能够感受到命运的脉动。硬币的一面朝上，另一面朝下，他们的命运也随之揭晓。

最终，他们决定留在南方，继续追寻那份专属于自己的机遇与希望。他们知道，前方的道路并不平坦，但他们愿意勇敢地面对，愿意携手共进，去迎接未来的挑战。他们的身影在夕阳的余晖中逐渐消失，但那份坚定的信念和不屈的精神却永远留在了这片土地上，如同不灭的火焰，照亮了他们前行的道路。

杨霖与洪发斌购得火车票，满怀希望地踏上了前往广东东莞的征途。由于囊中羞涩，他们不得不在火车上忍受了一天一夜的饥饿。抵达东莞后，面对这座陌生的城市，两人在街头漫无目的地徘徊，眼中满是不知所措与迷茫。饥饿与疲惫如同沉重的枷锁，不仅折磨着他们的身体，更让他们的心灵倍感压抑，每一步行走都显得异常艰难，仿佛是在透支着最后的一丝力气。

终于，他们在东莞塘厦镇找到了杨霖战友的女朋友。这个女孩的出现，仿佛是他们困境中的一抹亮色。她热情而善良，看着他们落魄的样子，眼中闪过一丝不忍与心疼。

战友的女友和女友的闺蜜陈礼英请他们去一家小餐馆吃饭。巧合的是陈礼英与杨霖竟是同乡。小餐馆里，灯光柔和而朦胧，仿佛被一层轻纱轻裹，营造出一种别样的温馨氛围。灯光在女孩的脸上流转，映照出她柔和的轮廓，那双明亮的眼眸里闪烁着温暖的光芒。桌上的饭菜热气腾腾，香气四溢，让杨霖和他的战友垂涎三尺。他们饿极了，狼吞虎咽地吃着，仿佛要将所有的饥饿

⊙ 1994年，杨霖（左二）与朋友们合影

和疲惫都吞噬殆尽。然而，在这狼吞虎咽的表象之下，他们的内心却充满了无奈和尴尬。他们曾是警营中的骄傲，如今却在女孩们的面前显得如此狼狈。昔日的绅士风度荡然无存，只剩下眼前的窘迫和无奈。但他们无暇顾及这些，只想尽快填饱肚子，恢复体力。

那一顿饭，对他们来说，意义非凡。那不仅仅是一顿饱餐，更是女孩们对他们的一种无声的支持和鼓励。在女孩们的眼中，他们看到了温暖和希望，仿佛看到了未来的曙光在向他们招手。即使前路茫茫，即使困难重重，他们也坚信只要彼此扶持，就一定能够走出困境，迎接新的生活。

饭后，女孩们还细心地帮他们安排了住宿的地方。虽然那只是一家简陋的旅馆，但对他们来说，却已经足够。他们躺在床上，感受着久违的舒适和温暖，心中充满了感激。

这段经历给杨霖留下了十分深刻的印象。他体验到了生活的艰辛和不易，也感受到了战友情谊的深厚和珍贵。他知道他们的路还很长，挑战还很多，但他坚信只要他们不放弃，就一定能够创造出属于自己的未来。

做保安员

杨霖终于在一个台资企业找到了落脚点，成了一名保安员。他的心中既有对未来的期待，也有对生活的无奈。

春节，这个中国人心目中最为重要的节日，对于杨霖来说，却有着与众不同的意义。

那天是大年三十，杨霖下班后躺在硬板床上，目光落在那一箱方便面上，那是他春节期间的"美食"。每当夜深人静时，他都会听到自己的肚子在咕咕作响，那声音在寂静的夜晚里显得格外清晰。他苦笑着，拿起一桶方便面，熟练地撕开包装，倒入开水，等待着那短暂的温暖和满足。

吃完那碗泡面，杨霖的胃里虽然饱饱的，但心中却空空如也，睡意全无。他的思绪如流水般漫延开来，轻轻触碰着那最柔软的角落——他想起了父母，想起了家乡。那些熟悉而遥远的画面在他脑海中一一浮现。

他站起身，走出工厂大门，漫步于街头，途经一座电话亭时，瞥见一人正沉浸于通话之中，他不禁心想，这定是哪位远离家乡的游子，正在向远方的父母诉说着思念。杨霖心中也涌起了一股强烈的渴望，想要听听父母那熟悉而温暖的声音，向他们倾诉自己此刻的思念与艰难。然而，遗憾的是，他家所在的村庄尚未接通电话线。即便未来某一天电话能够通到那个闭塞的村落，杨霖也暗自思量，自己或许仍难以鼓起勇气拨打那个号码。他害怕自己略带哽咽的声音会穿越千山万水，触动父母那颗敏感而充满牵挂的心，更害怕他们知晓自己当下的困境后会平添几分忧虑。于是，那份深埋心底的通话愿望，就像是一封被紧紧封存的信，承载着无数未说出口的话语，静静地躺在心海的一隅，无从启齿，也无人能解。

远处传来阵阵欢声笑语，那是人们在庆祝新年的到来。他们的笑声和欢呼声在空气中回荡，形成一片欢乐的海洋。然而，这一切却无法传入杨霖的心中。他站在那里，静静地望着那些欢笑的人群，心中却是一片孤寂和落寞。

杨霖孤身一人，站在寒夜的冷风中，望着远处万家灯火。那些温馨的灯光像是遥远的星辰，闪烁着温暖的光芒，却又像是尖锐的针，无情地刺向他孤独的心。他心中涌起一股莫名的哀伤，仿佛被无边的黑夜吞噬。他闭上眼睛，脑海中浮现出家乡的亲人还有曾经的朋友们的面孔。那些熟悉而亲切的面容，在黑暗中若隐若现，却又渐渐模糊，仿佛被时间的洪流冲散。他的心开始隐隐作痛，那种痛楚如同针尖般尖锐，深入骨髓，让他几乎无法呼吸。突然，杨霖的目光被一旁商店货架上的物品吸引。一瓶头曲酒和两瓶啤酒静静地躺在那里，他犹豫了片刻，手指在酒瓶上轻轻摩挲，最终还是决定买下来。他想用酒精来麻醉自己的神经，让那些痛苦和孤独在酒精的侵蚀下消散。

杨霖携着购买的酒回到了宿舍。他迫不及待地将那瓶头曲酒一饮而尽，随后又接连灌下了两瓶啤酒。然而，酒精并未如他所愿带来解脱的慰藉。一方面暂时麻痹了他的痛苦神经，另一方面却让他的心情愈发沉重，仿佛被无形的重担压得喘不过气来。他感觉自己正被卷入一个深不见底的漩涡之中，挣扎无果，越陷越深。

杨霖踉跄着走出宿舍，渴望呼吸一口室外的清新空气。不料，广东这冬日的风，虽不似北方那般凛冽刺骨，却也带着几分凉意与犀利，仿佛能穿透衣物，让人感受到一丝不寻常的寒意。他的步伐因此变得蹒跚，眼神中透露出一丝不易察觉的迷茫。就在这时，一阵突如其来的不适，如同无形的浪潮般汹涌而来，强烈的眩晕感瞬间占据了他的感官，眼前的世界开始旋转、模糊，紧接着，他失去了对身体的控制，整个人不受控制地向前倾倒，最终重重地摔倒在地，陷入了深沉而宁静的无意识状态之中。

当杨霖醒来时，已经是大年初一的下午。他头痛得难以忍受，仿佛有人用锤子在狠狠地敲打他的脑袋。他睁开眼睛，发现自己躺在宿舍的床上，陈礼英照顾着他。陈礼英看到他醒来，露出了欣慰的笑容。

杨霖的心中充满了感激和温暖。他紧紧地握住她的手，仿佛找到了久违的亲人。那一刻，他感到自己的孤独和寂寞都烟消云散了。他们聊起了家乡的事情，聊起了彼此的经历和梦想。他们的话语中充满了对未来的期待和对生活的热爱。

那个春节对杨霖来说是一个难忘的经历。他体验了孤独和寂寞的滋味，也感受到了温暖和关爱。他明白了生活的艰辛和不易，也坚定了自己努力奋斗的决心。从那以后，他更加珍惜自己的生活和工作，也更加珍惜与身边人的相处时光。每当回忆起那个春节的经历，他都会深深地感慨和感动。那些曾经的痛苦和孤独都变成了他人生中最宝贵的财富，激励着他不断前行。

困境与抉择

春节刚刚过去，杨霖所在的工厂门外突然来了几位千里迢迢赶来的"客人"。那是几个远道而来的老乡，他们找不到工作，又没有回家的路费，便来投奔杨霖。因为刚过了春节，很多人都离家出来打工，当时治安队对无暂住证和上岗证的人员查得格外严格。

然而，对于这些刚从家乡出来、还未找到工作的人们来说，他们又怎么可能拥有暂住证和上岗证呢？因此，每天除了为他们寻找工作发愁之外，杨霖还需要四处借钱来维持他们的基本生活，同时还要小心翼翼地躲避治安队的盘查。

　　老乡们的到来让杨霖陷入深思，他愁云满面，心情如同乌云密布的天空。他站在生活的十字路口，徘徊不定，内心充满了迷茫和焦虑。曾经熟悉的警营生活已经远去，他不得不重新思考自己的定位和未来。眼前的道路似乎充满了未知和荆棘，他感到无所适从，心中充满了困惑和挣扎。

　　那段时间，杨霖的心情异常沉重。他深知自己需要找到一个稳定的发展空间，不仅是为了自己，更是为了那些急需帮助的人们。然而，他又该如何选择呢？

　　杨霖独自一人站在街头，目光迷离地望着远方。他的身影显得孤独而落寞，仿佛与这个繁华的城市格格不入。他不知道自己该如何在这个陌生的环境中生存下去。他感到自己就像一只迷失方向的小鸟，在风雨中摇摇欲坠。

　　正当他陷入沉思时，一封来自山西的电报如同一场及时雨，给杨霖带来了希望和转机。他颤抖着双手打开电报，得知姐夫在山西的工地上急需人手，邀请他前去相助。这封电报如同一盏明灯，照亮了杨霖迷茫的前方。他心中涌起一股暖流，仿佛看到了新的希望和未来。

　　杨霖没有片刻犹豫，立刻收拾行装，准备北上。他知道，这是一次机会，也是一次挑战。他带着几个愿意跟随他的同乡，一起踏上了前往山西的征程。他们背着简单的行李，踏上了北上的列车，心中充满了期待和激动。

　　列车在铁轨上疾驰，窗外的风景在不断变幻。杨霖望着窗外飞逝的景色，心中充满了感慨。他知道，这一去将是新的开始，他将面临新的机遇和挑战。但他也坚信，只要努力，就一定能够在社会中立足，实现自己的梦想。

在火车上，杨霖与老乡们聊起了未来的打算。他们都知道这次北上是为了寻找更好的机会。杨霖鼓励他们要保持乐观的心态，相信困难只是暂时的，只要大家齐心协力，一定能够找到属于自己的一席之地。

第五章　刀锋上的行走

扫码解锁

◉群英颂歌◉匠心谱写赤诚
◉奋斗底色◉夯实建设之基

新的起点

1994年3月初，杨霖抵达了太原，初次踏入这个陌生的城市，眼前的一切让他感到既新奇又迷茫。太原，这座古老而繁华的城市，与他之前生活的乡村有着很大的差别。这里气候干燥，风沙大，空气中弥漫着陌生的气息。

在建筑工地上，杨霖和老乡们面临着更加严峻的考验。他们被安排住在一个简陋的毛坯土房里，房间低矮、阴暗，几十个人挤在一起，条件极为艰苦。

春秋季节，太原的风大得几乎能吹走人。每当风起时，整个工地都笼罩在一片煤尘之中，让人几乎无法呼吸。杨霖和老乡们只能戴着口罩，眯着眼睛，艰难地继续工作。他们的衣服常常被煤尘染得漆黑，洗都洗不干净。而到了冬天，寒风刺骨，雪花纷飞，他们依然要坚守在工地上，忍受着严寒的侵袭。他们的双手被冻得通红，甚至出现了裂口，但他们依然坚持着，因为他们知道，只有这样，才能挣到钱，才能改善生活。

更难忍受的是一些城里人对他们的歧视和偏见。他们穿着破旧的衣服，操着带有乡音的普通话，常常被一些人用异样的眼光看待。有时候，甚至会遭到一些人的冷嘲热讽。这些言语像针一样刺痛着他们的心，让他们感到无力和沮丧。但杨霖知道，这些偏见和歧视只是暂时的，只要他们努力工作，展现出自己的能力和价值，就一定能够赢得别人的尊重和认可。

在这个过程中，很多人因为无法忍受这种艰苦的工作条件而选择了离开，杨霖却坚守了下来。他明白，成功并不是一蹴而就的，需要经历无数的困难和挑战。他相信，只要坚持下去，就一定能够找到属于自己的立足之地和价值。

杨霖常常和老乡们聚在一起聊天谈心，他们分享彼此的经历和故事，相互鼓励和支持。这种团结和友爱让他们在面对困难时更加坚定和勇敢。他们一起谈论着家乡的风土人情，回忆着过去的美好时光，也分享着对未来的憧憬和期待。这些谈话让他们感到温暖和安慰，也让他们更加珍惜彼此之间的情谊。

在烈日炎炎的夏日，一片繁忙的建筑工地上，杨霖的身影始终忙碌而坚定。他犹如一颗璀璨的明星，在汗水和尘土交织的背景下，光芒闪耀，引人注目。

每天东方破晓，第一束光线洒在建筑工地现场时，杨霖就已经开始了他的工作。他身穿厚重的工作服，头戴安全帽，手持工具，穿梭在钢筋水泥之间。他的双手粗糙而有力，每一块砖、每一根钢筋都经过他精心挑选和摆放，仿佛在进行一场无声的交响乐。

在工地上，杨霖不仅是一位普通的建筑工人，更是大家心中的劳动模范。他勤奋努力，从不抱怨工作的艰辛和困难。每当遇到困难时，他总是迎难而上，用智慧和汗水解决问题。他的坚韧不拔和勇于担当的精神，赢得了大家的尊重和敬佩。

面对繁重的任务和复杂的技术要求，杨霖从未有过退缩和抱怨。他深知，要在这个行业里立足，必须不断学习和提升自己。因此，他虚心向有经验的工人请教，不仅询问他们的工作技巧，还深入了解他们的工作经验和心得体会。他认真倾听，仔细琢磨，将所学的知识和经验转化为自己的技能。在学习的过程中，杨霖始终保持着严谨的态度和执着的追求。他认真观察着每一个细节，从最简单的操作到最复杂的工艺，都力求做到精益求精。他不断尝试，不断摸索，努力掌握着每一项技能。他知道，只有不断学习和进步，才能在这个竞争激烈的社会中立足。除了技术和经验的积累，杨霖还注重团队合作和集体荣誉。他积极参与团队活动，与同事们共同协作，共同完成任务。他乐于助人，无私奉献，总是愿意帮助那些需要帮助的人。他的这种品质不仅赢得了同事们的尊重和信任，也为整个团队注入了强大的凝聚力和战斗力。

在工地上，杨霖的能力得到了充分的锻炼。他用自己的行动展示了"勤奋、敬业、奉献"的劳模精神。

山西的暖意

太原的工地上，杨霖面对的是无尽的寂寞、脏累且繁重的工作以及难以习惯的饮食。然而，他却选择了留在这里。他的选择并非毫无动摇，而是源自内心深处对这座城市、对这片土地逐渐产生的温暖感受和热爱之情。

1994年的夏天，一个燥热的下午，太阳如同火球般高悬在天空，毫不留情地炙烤着大地。工地上的工人们早已汗流浃背，衣衫湿透。杨霖下班后，骑着那辆破旧的单车，沿着尘土飞扬的道路，去往下元基地。他的心中无比渴望一丝清凉，但眼前的景象却让他感到更加沉重。

就在行至迎泽大街与解放路的交叉口附近时，突然，杨霖感到鼻子一热，紧接着一股鲜血顺着鼻孔流了出来。他惊慌失措地停下单车，用手去擦拭，但鼻血却止不住地流淌。他的工作服早已被汗水浸透，此刻又沾上了鲜血，显得更加狼狈不堪。

站在路边，杨霖感到无助而尴尬。他没有带纸巾，也没有带钱，只能用手无助地堵着鼻子。就在这时，一个清脆的声音打破了周围的宁静："你怎么了？快用纸巾擦擦，赶紧去看医生吧！"杨霖抬起头，只见一位年轻的女孩递过来一包纸巾，脸上写满了关切。

女孩的举动立刻引起了周围人的注意。几位大叔大婶围了过来，关切地询问杨霖的情况。有的递过来自己带的水，让他用清水清洗一下；有的给他出谋划策，建议他抬头望天、用纸堵住鼻孔；还有的用细绳捆住他的中指，说这样可以止血。在大家的帮助下，杨霖的鼻血渐渐止住了。

看着这群热心人离去的背影，杨霖的心中涌起了一股暖流，此刻他感受到了来自陌生人的温暖和关爱，也让他对这个城市有了更深的感情。

从那天起，杨霖开始重新审视这个城市和这里的人。他发现，虽然生活艰辛，但这里的人们却都充满了热情和善意。他们在面对困难时，总是能够团结一心，互相帮助。这种精神让杨霖感到敬佩，也让他更加坚定了留在这个城市的决心。

日子一天天过去，杨霖逐渐适应了这里的生活，他与工地上的兄弟打成一片，共同分享着劳动的艰辛与快乐。在这里，他们不仅是同事，更是相互扶持、共同进退的兄弟。他知道，只要心中有爱、有梦想、有勇气，就一定能够战胜一切困难。

午后的阳光炙热而刺眼，杨霖和工友们坐在树荫下休息，喝着自来水，聊着天南海北的话题。他们谈论着家乡的风土人情，分享着彼此的生活经历，笑声和谈话声交织在一起，形成了一幅温馨而和谐的画面。

随着时间的推移，杨霖逐渐适应了在这座城市生活。他开始探索太原的美食，爱上了这里的面食和独特的烹饪方式。每当品尝到一碗热腾腾的刀削面时，他的脸上都会露出满足而幸福的笑容。

杨霖也开始关注这个城市的文化和历史。他利用闲暇时间参观了一些历史古迹和博物馆，了解了太原的悠久历史和丰富文化。这些经历让他对这个城市有了更深厚的感情，也让他更加坚定了留在这里的决心。

在工地上，杨霖的工作也逐渐得到了领导和工友们的认可。他的努力和坚持让他在建筑队伍中脱颖而出，成长为一名值得信赖的工人。每当完成一项任务时，都会有一种成就感油然而生。他与工友们建立了深厚的友谊，共同面对工作中的困难和挑战。他们互相鼓励、互相帮助，一起走过了许多艰难的日子。

每当日光消逝，黑暗笼罩四周，杨霖躺在简陋的宿舍床上，回想起白天发生的事情和遇到的困难时，心中充满了感慨。他不再感到孤独和寂寞，因为他知道这个城市有很多人在关心着他、支持着他。这份温暖和关爱成了他坚守下去的动力和勇气。

如今，回想起那段艰难而充实的时光，杨霖感到无比庆幸和自豪。他深知正是那段经历锻炼了他的意志和品质，也让他更加珍惜现在所拥有的一切。在未来的日子里，他将继续努力前行，为实现更远大的梦想而奋斗。同时，他也会将这份温暖和关爱传递给更多的人，让更多的人感受到这座城市的魅力和温暖。

岁月如歌，时光荏苒。杨霖在这座城市里留下了自己的足迹和汗水，也收获了成长和喜悦。在太原这座城市里遇到的人和事，将永远成为他心中最温暖、最难忘的回忆。

南北穿梭的候鸟

20世纪90年代的太原，冬季的严寒如同铁壁铜墙，无情地阻挡着工人们辛勤的脚步。每年的11月中旬，随着气温的逐渐下降，工地上的工作也随之停止。这是一个属于北方的寒冷季节，雪花飘落，寒风凛冽，大地被一层厚厚的白雪覆盖，仿佛整个世界都被冰雪封住。

在这个季节里，工人们大多选择离开这个临时的家园，回到温暖的家乡与家人团聚。他们收拾好行李，踏上了回家的路。而杨霖，却选择了不同的道路。

他知道，北方的冬季漫长而寒冷，而南方的温暖和繁荣正等待着他的到来。于是，他利用这个假期，踏上了前往广东的列车。车厢里人声鼎沸，充满了对未知的好奇和对未来的憧憬。杨霖坐在窗边，望着窗外不断变化的景象，心中充满了期待。

经过漫长的路程，杨霖终于抵达了广东。这里的气候温暖湿润，阳光明媚，与冬季的北方是两个截然不同的世界。在广东省，杨霖选择进入台资、港资工厂学习管理技能，他从普通的职员做起，凭借着自己的努力和勤奋，在公司崭露头角。他对待工作认真负责，对待同事真诚友善，很快就赢得了同事们的信任和尊重。随着时间的推移，他掌握了更多的技术。这个过程并非一帆风顺，杨霖也经历了许多艰辛和挫折。他曾只靠方便面和鸡蛋度日，但他从未抱怨过一句。他明白，只有通过自己的努力和坚持，才能够在这个竞争激烈的社会中立足。

他努力学习着南方的管理模式和工作方法，与同事们交流经验，不断提升自己的能力和素质。尽管这里的工作节奏很快，但杨霖却感到充实和满足。他深知，这是他为了更好的生活和未来所付出的努力和坚持。

几个月后，随着春天的到来，杨霖再次踏上了北上的列车。他带着满满的收获和成长回到了太原，重新投入工作中。他将这些新的理念和方法应用到实际工作中，为工地的发展贡献了自己的力量。

这样的候鸟式生活，杨霖坚持了好几年。每当北方的冬季来临，他就会离开这个临时的家园，前往南方寻找新的机会。而每当春天到来，他又会回到太原，继续他的工作和生活。

在这个过程中，杨霖经历了无数的艰辛和困难。他曾在北方的炎炎夏日中汗流浃背地工作，也曾在南方的湿冷冬夜中辗转反侧难以入眠。但他从未放弃过自己的梦想和追求，他坚信只有不断努力和坚持才能走向成功。

在他的努力下，他逐渐在工地上崭露头角。他的工作能力和管理水平得到了大家的认可和赞赏，他也逐渐成了工地上的中坚力量。他的故事也激励着更多的工人努力追求自己的梦想和目标。

每当他站在太原的土地上，望着这座熟悉而又陌生的城市，他心中充满了感慨和自豪。他知道这座城市见证了他的成长和奋斗，也见证了他的梦想和追求。他会继续在这座城市中努力工作和生活，为自己的梦想和未来而不断奋斗。

杨霖的候鸟式生活虽然充满了艰辛和挑战，但他却从中收获了无数的成长。他用自己的汗水和努力书写着属于自己的传奇故事。

在杨霖的家乡，山区农村的剩余劳动力很多，他们都渴望能够找到一条发家致富的门路。然而，在那个年代，由于交通不便和信息闭塞，很多人找不到工作，甚至被骗，让原本贫困的家庭雪上加霜。杨霖看在眼里，急在心里。他希望能够通过自己的努力，为家乡的亲人们找到一条更好的出路。

于是，当有人得知杨霖在外面有门路时，纷纷找他帮忙介绍工作。杨霖非常珍惜这些机会，他仔细挑选了一些年龄适中、勤劳肯干的年轻人，带他们出来务工。这些人很快就在工地上展现了出色的工作能力和团队协作精神，成为行业内的骨干力量。其中，刘胜荣（已故）、杨德富、石喜庆、刘再华等人都是杨霖带出来的青年。他们虽然文化程度不高，但勤劳好强，肯学肯钻，胆大心细，在杨霖的引导下，逐渐成长进步，成为行业中的佼佼者。他们的成功不仅让杨霖感到自豪，也为他以后的发展提供了充足的劳动力支持。

在这个过程中，杨霖也深刻地认识到了人生的不易。他相信，只有通过不懈的努力和坚持，才能够实现自己的梦想和目标。他也开始理解那些为了生活而不得不离家打工的乡亲们的心情和艰辛。他用自己的行动证明了，只要有梦想和勇气，就能够战胜一切困难和挑战。

岁月如梭，转眼间多年过去。杨霖已经从一名普通的小工成长为一名技术精湛、管理经验丰富的领导人员。他带领着一支充满活力的团队，在工地上创造了一个又一个奇迹。他的故事也成了家乡人民口中的传奇，激励着更多的人勇敢追求自己的梦想。

每当回忆起那些艰难而充实的日子，杨霖都感到无比庆幸和自豪。他明白，正是那段候鸟式的南北穿梭经历，让他学会了坚持和奋斗。他也深知，未来的路还很长，他将继续努力前行，为实现更大的梦想而拼搏不息。

从学徒到领班

在太原的繁华都市中，唐槐大厦的建筑工地如同一座生机勃勃的岛屿，耸立在城市中。这座建筑是当年山西的第一高楼，它的雄姿曾昭示着辉煌。而在这座大楼的基石下，沉淀着无数辛勤劳动的汗水，承载着无数美好的梦想。

杨霖的姐夫熊羽贵，已经在建筑界略有建树，作为中铁十二局建安公司的技术员，他不仅技术过硬，还曾在全国技术大比武中荣获钢筋科目第二名和砌体科目第三名的好成绩。

熊羽贵深知建筑行业的艰辛与不易，但他也看到了这个行业中的机遇与希望。他鼓励杨霖加入这个行业，希望他能够通过自己的努力，实现自己的梦想。在姐夫的引导下，杨霖开始了他的建筑生涯。

从最基础的学徒工开始，杨霖每天总是第一个到达工地，最后一个离开。他虚心向姐夫请教，从理论知识到作业实践，熊羽贵都手把手地教他。杨霖的聪明才智和勤奋努力很快就得到了大家的认可，他在短时间内学会了简单的看图和施工流程。

在钢筋作业中，杨霖逐渐熟悉了建筑的结构和骨架。他站在高高的钢筋骨架下，仰望着那密密麻麻的钢筋交织在一起，仿佛是一座座坚固的桥梁，连接着现实与未来。他小心翼翼地绑扎着每一根钢筋，确保它们的位置准确无误，为大楼的稳固打下坚实的基础。

每当完成一项任务，杨霖都会抬头仰望那座逐渐崛起的大楼，心中充满了成就感。他想象着这座大楼未来的模样，想象着人们在其中生活、工作的场景，心中充满了期待和自豪。

除了日常的施工作业，杨霖还积极参与各种技术培训和学习。他利用业余时间阅读建筑方面的书籍和资料，不断充实自己的知识储备。他还经常向经验丰富的工友们请教，学习他们的施工技巧和经验，不断提高自己的技能水平。

然而，建筑行业的工作并非一帆风顺。有时，杨霖会遇到一些困难和挫折，比如遇到难以解决的技术问题、工期紧张问题等。但是，他从不气馁，总是积极面对，努力寻找解决问题的办法。他相信，只要坚持不懈地努力下去，就一定能够克服一切困难，实现自己的梦想。

在工地上度过的日子虽然艰辛，但杨霖却感到充实和满足。他看到了自己在这座城市中留下的印记，感受到了自己的价值和意义。他相信，这座大楼不仅仅是一堆钢筋水泥的堆砌，更是无数工人汗水和梦想的结晶。

随着时间的推移，杨霖的技能和经验积累了很多，他在工地上的威望越来越高。他成了工友们信赖的伙伴和领导，带领着大家一起完成了一个又一个艰巨的任务。他用自己的行动和成绩证明了自己的价值和能力，赢得了大家的尊重和认可。

一段时间之后，老板找到杨霖，拍了拍他的肩膀，微笑道："小伙子，你干得不错，以后你就是这个班的领班了。"那一刻，杨霖愣住了，他望着老板那信任的目光，心中涌起一股难以言表的激动与忐忑。他懂得，这个职位不仅仅是对他技术的认可，更是对他领导能力和人际关系的考验。

　　面对一群经验丰富的老工人，杨霖感到了前所未有的压力。他知道自己年轻，经验尚浅，要想让这些老工人信服，并非易事。然而，他并没有退缩，反而将这份压力化作了动力，激励自己更加努力地学习和工作。

　　为了胜任这个职位，杨霖不得不花更多的时间来学习。他每天早早地来到工地，利用空余时间翻阅施工图纸，了解每一个细节。他虚心向老工人们请教，听取他们的建议和意见，不断改进自己的工作方法。

　　在他的带领下，工人们的工作效率和质量都有了显著的提高。从基础施工到主体结构，从钢筋绑扎到混凝土浇筑，他都亲力亲为，一丝不苟。他的勤奋和敬业感染了整个团队，工人们也因此加倍努力工作。

　　然而，领班的工作并不是一帆风顺的。有时候，工人们会因为各种原因产生矛盾和纠纷。面对这种情况，杨霖总是耐心地倾听他们的诉求和意见，尽量协调解决问题。他明白，只有让每个人都感到被尊重和重视，团队才能更加和谐高效地工作。

　　有一次，工地上的两位老工人因为一根钢筋的摆放问题发生了争执，双方各执一词，互不相让。杨霖闻讯赶来，他先是耐心地听了双方的陈述，然后亲自到现场查看情况。他根据施工图纸和实际情况，做出了公正的裁决，并亲自示范了正确的施工方法。两位老工人见状，都不好意思地低下了头，表示愿意接受他的裁决。从此以后，工地上的矛盾纠纷明显减少，大家都愿意服

⊙ 2013年，杨霖（左一）在山西晋中龙湖搬迁项目现场与马记林师傅留影

⊙ 2019年，杨霖（右一）在湖南洞口项目质量检查留影

从杨霖的管理和安排。

在这个过程中，杨霖也收获了许多宝贵的经验。他学会了如何与不同性格的人打交道，如何处理复杂的人际关系，他也逐渐明白了建筑行业的艰辛和不易。

三年的时间转瞬即逝，杨霖在唐槐大厦工地度过了他人生中最为充实和难忘的时光。他从一个对建筑一无所知的学徒成长为一名技术精湛、领导有方的领班。每当夜幕降临，他站在高高的楼顶上，俯瞰着这座正在崛起的大都市，心中充满了自豪和感慨。

在未来的日子里，杨霖将继续在建筑行业中奋斗拼搏。他将带着这段宝贵的经历和无数的梦想与期待，去迎接更加广阔的天地和更加辉煌的明天。他知道，无论前方的道路有多么坎坷和艰难，他都会坚定地走下去，因为这里有他的梦想和追求，也有他为之付出努力和汗水的工地和同舟共济的兄弟们。

肩负重任写担当

秋天的太原，天空高远而深邃，金黄色的阳光透过稀疏的云层，洒在忙碌的工地上。一阵阵凉爽的秋风吹过，吹落了树叶，也带走了夏日的炎热。然而，对于杨霖和工友们来说，这个秋天却充满了挑战和未知。

由于项目负责人决策失误，他独自一人离开了，把杨霖和四十多名工人留在了工地上。技术还未成熟，且又缺乏资金，杨霖感到万分惶恐，他不知道该如何面对工友们。就在他感到无助之际，他的兄弟们纷纷找到了他。刘胜荣（已故），一个身材结实的汉子，来到杨霖的面前说："二哥，你大胆地干，我们支持你！无论遇到什么困难，我们都会和你一起度过。"杨德富、杨玖远，两个憨厚老实的汉子，也表达了对杨霖的坚定支持。他们的话语，像一股暖流，温暖了杨霖的心房。

在兄弟们的鼓励下，杨霖决定担当起工班长的重任，带领工友们继续做项目。他知道，这是一个巨大的挑战，但他也相信，只要大家齐心协力，一定能够渡过难关。他带领着工友们起早贪黑地工作，克服了一个又一个困难。资金短缺时，他就四处奔波筹集资金；遇到技术难题时，他就虚心向老工人请教，不断学习提高。

在这个过程中，杨霖也感受到了人与人之间的温情。工友们团结一心，互相支持，共同面对困境。他们不仅在工作上互相帮助，在生活中也互相关心。当有人生病时，大家会轮流照顾；当有人遇到困难时，大家会伸出援手。这种亲情般的情谊，让杨霖深受感动。

经过一段时间的努力，杨霖和工友们度过了最困难的时期。杨霖的坚持和努力也得到了公司和工友们的认可。他的班组成了公司的标杆班组，他也成了工友们心中的楷模。他知道，这一切的成就都离不开兄弟们的支持和帮助。他们一起经历了风风雨雨，一起走过了艰难曲折的道路。这份恩情，让杨霖永生难忘。

刚开始接手工作时，杨霖面临的挑战犹如一座座巍峨的高山，压得他喘不过气来。技术上的难题像一道道难以逾越的鸿沟，摆在杨霖面前。他不得不夜以继日地钻研图纸，研究各种施工方案，以确保每一项工作都能达到要求。他的双手布满了老茧，那是他辛勤劳动的见证。每当遇到难以解决的问题时，他便会眉头紧锁，陷入沉思，直到找到满意的答案。

工程质量的把控同样让杨霖倍感压力。他深知，质量是工程的生命线，不能有丝毫马虎。因此，他亲自监督每一道工序，从材料的选择到施工的过程，都严格把关。他的身影在工地上穿梭，时而蹲下察看混凝土的浇筑情况，时而爬上高楼检查钢筋的绑扎。

工程进度同样紧迫，每一天都有新的任务等待着杨霖去完成。他不仅要协调各个班组的工作，还要应对甲方和监理的各种要求。他的手机几乎成了热线电话，不停地响着，各种消息和指令源源不断。他常常忙得连轴转，连喝口水的时间都没有。

然而，最让杨霖感到疲惫的，还是那些看似琐碎却又不容忽视的事情。工人们的吃喝拉撒，每一个细节都需要他关心，确保他们吃得饱、住得好。

在这样的压力下，杨霖常常感到力不从心。他甚至会躲在被子里偷偷掉眼泪，感叹自己的无力和无奈。然而，他并没有放弃。他无数次默默告诉自己，只有坚持下去，才有可能走出困境。他不断地给自己加油打气，鼓励自己要勇敢面对一切挑战。

为了提高自己的技术水平和管理能力，杨霖开始参加各种培训和学习班，阅读大量的专业书籍和资料，不断地充实自己。他还利用业余时间学习建筑行业的各种技能，以适应时代的发展和变化。

同时，他也开始注重与工人们的沟通和交流。他关心他们的生活和情感需求，尽力解决他们的困难和问题。他鼓励工人们提出自己的想法，让他们感受到自己的社会价值。在他的努力下，工人们更加团结。

就这样，他们度过最困难的时期后，工地的情况逐渐有了好转。工程质量得到了甲方和监理的认可，工程进度也追赶上了既定计划。杨霖的努力与付出有了回报。那年年底结账时，他不仅给工友们发完了工资，还挣了两万四千元钱，这是他用汗水和智慧换来的成果。拿着那笔钱，杨霖的心中充满了激动与自豪。他深知，所有的努力都是值得的。

第二年，杨霖迎来了更多的机遇。通过行业朋友的介绍，他又接手了一个新的项目。这个项目规模更大、要求更高，但杨霖已经没有了之前的惶恐与不安。他带领着工友们一起奋斗，共同面对挑战。他用自己的实际行动，证明了自己的能力与价值。

随着时间的推移，杨霖在建筑行业中的名声越来越响亮。他的团队成了行业内的佼佼者，他的管理经验和技术水平也得到了广泛的认可。他用自己的努力和汗水，书写了一段属于自己的传奇故事。

然而，对于杨霖来说，他最宝贵的财富并不是那些金钱和荣誉，而是那些陪伴他渡过难关的兄弟们。他们的支持与信任，让他更加坚定了自己的信念与追求。他深知，没有他们的支持与帮助，自己不可能走到今天。这份恩情，他将永远铭记在心。

在山西省的璀璨版图上，矗立着众多令人瞩目的标志性建筑，其中一些建筑凝结了杨霖及其团队成员的心血和智慧。依据设计图纸，他们精准施工，将这些建筑构想变为现实。

位于太原市万柏林区的山西博物院，其古朴典雅的外观与深厚的文化底蕴交相辉映，成为山西文化的重要展示平台。杨霖团队在建设中，以精湛的技艺，完美诠释了设计图纸中的每一个细节，深刻体现了对这座城市历史文化的尊重与传承。

位于太原市小店区的山西大医院，作为一座现代化医疗设施，其建成不仅提升了当地医疗服务水平，更是医疗技术与人文关怀和谐共生的典范。杨霖团队遵循既定设计方案，确保了医院功能的完善与环境的温馨，为居民健康保驾护航。

位于太原市小店区的太原武宿国际机场候机楼，是杨霖团队依据先进设计理念精心施工的又一成果。候机楼内宽敞明亮的候机大厅、便捷的交通设施，以及独特的建筑风格与先进的设施设备，共同为旅客营造了一个舒适、高效的出行环境。杨霖团队在

⊙ 2019年，杨霖（中间）在丽景苑小区施工期间于会议室留影

施工过程中，细致入微地考虑了各种因素，确保了项目的高质量完成。

此外，太原市万柏林区的丽景苑小区，也是杨霖团队依据高品质设计蓝图打造的又一杰作。该小区以其幽雅的环境、完善的配套设施和人性化的设计理念，赢得了市场的广泛好评。杨霖团队在建设中，紧密围绕居民生活需求，将设计图纸中的每一个美好愿景转化为现实，创造了一个既符合现代审美又实用便捷的居住空间。

这些标志性建筑不仅展现了杨霖及其团队在建筑领域的高超技艺和深厚底蕴，更成为山西省太原市的重要名片和城市形象的重要组成部分。

杨霖的奋斗故事不仅激励着工友们努力奋斗，也成了许多人心中的励志典范。在未来的日子里，杨霖将继续带领着他的团队，勇往直前，创造更加辉煌的明天。

⊙ 山西博物院

⊙ 太原武宿国际机场

第六章　赓续梦想再前行

扫码解锁

◎群英颂歌◎匠心谱写赤诚
◎奋斗底色◎夯实建设之基

遇见她

　　杨霖与妻子相识于他和战友初到东莞塘厦镇的那一天。对于这座陌生的城市，他们既充满了期待，也带着些许迷茫。眼前是车水马龙、人潮汹涌的街道，两旁的商铺琳琅满目，各种口音和方言交织在一起，形成一幅繁华而陌生的画卷。

　　杨霖和战友走在陌生的街头，心中既激动又忐忑。他们穿梭在街头巷尾，走过一个个工厂的大门，却始终没有找到合适的岗位。他们参加了多个工厂的面试，然而遗憾的是，均未能成功获得录用机会。

　　就在他们有些灰心丧气的时候，战友的女友和她的闺蜜出现了。她们得知杨霖和战友的情况后，主动提出请假陪他们一起寻找工作。她们的热情帮助让杨霖感到十分温暖，也让他对这座城市有了一丝归属感。

　　在接下来的两天里，她们陪着杨霖和战友穿梭在城市的各个角落。她们带着杨霖和战友去了一些比较知名的工厂，也去了一些不太起眼的小作坊。虽然过程中遇到了不少困难和挫折，但她们始终保持着乐观和积极的态度，鼓励着杨霖和战友不要放弃。然而，尽管他们努力寻找，却依然没有找到合适的工作。杨霖开始有些心灰意冷，他甚至有了回家的念头。但是，他又有些不甘心。他觉得自己才刚刚踏入社会，就这样放弃，似乎有些可惜。而且，他也想在这座城市里闯出一片属于自己的天地。

在杨霖内心挣扎、犹豫不决的时候，他战友女友的闺蜜——陈礼英敏锐地捕捉到杨霖脸上细微的愁容，便默默走近他，从口袋中掏出三张崭新的百元钞票，温柔地递到他的手中，轻声说："杨霖，如果你真的想回家，那就回去吧。我们刚发了工资，你先拿这些钱作为路费吧。"

杨霖此时心头涌上了一股复杂的情绪，既有羞愧也有感激。他知道，这三百元几乎是陈礼英一个月辛勤工作的全部收入。杨霖谢绝了陈礼英，他坚决地说："礼英，我们相识的时间还短，我怎么能接受你的钱呢？"然而，陈礼英却微微地摇了摇头，微笑着说："没关系，我们是老乡，出门在外要互相帮助，我这个月稍微紧一点儿也能过去。你放心吧，我不会因此而受苦的。"

但杨霖依然坚持不接受，他觉得这份情谊太过沉重，即便他们是老乡，但也才刚相识没多久，自己怎么能接受一个认识不久的女孩如此慷慨的帮助呢？

在杨霖的诚恳与坚持面前，陈礼英的内心却产生了一丝急切。她看着杨霖，眼中充满了复杂的情绪，有理解、有同情，也有一丝不容置疑的坚定。她深吸一口气，仿佛下定了决心，缓缓开口："杨霖，你听我说，这钱你就当作是我借给你的，你有困难，我作为朋友理应帮你一把，等你有了钱再还给我也不迟。"

杨霖听到这句话，脸上露出了感激的神情，但紧接着他又陷入了沉思。他抬头看向陈礼英，眉头微皱，语气中带着一丝不确定："礼英，你如此慷慨，我自然感激不尽。但我又该如何还你呢？我们之间的距离……"

他们虽是老乡，但却来自两个不同的地区，陈礼英的家乡是黔南的平塘县，而杨霖则来自黔东南的榕江县。两地相隔两百多公里，而在那时，高速公路尚未贯通，交通不便，他们的距离之间无疑有一道显著的地理屏障。

即使面对这样的情况，陈礼英仍然毫不犹豫地伸出了援手。她的这份慷慨和善良，让杨霖心中充满了感激和敬意。他知道，这份情谊比任何东西都更加珍贵，是他无法用金钱来衡量的。因此，他更加坚定了要珍惜这份情谊，努力回报陈礼英。

最终，杨霖接过了陈礼英手中的钱。那一刻，他仿佛接过了她一生的托付。缘分就是这么奇妙，原本打算离开的他，却因为这份感动而留了下来。

陈礼英的笑容如阳光般温暖，她的善良和真诚深深地打动了杨霖。在接下来的日子里，他们一起经历了许多风风雨雨，一起分享了生活中的喜怒哀乐。每当回想起初次相识的那一天，他们都感到无比庆幸和感激。是那份善良与真诚让他们走到了一起，也让他们更加珍惜彼此。他们的爱情在岁月的洗礼中愈发坚定和深厚……

1996年农历十一月十六日，那是一个阳光明媚的冬日，微风轻拂，仿佛大自然都在为这对新人送上最真挚的祝福。在这一天，杨霖和陈礼英共同迎来了他们人生中最重要的一刻——他们步入了婚姻的殿堂。

婚礼现场布置得简洁但温馨，亲朋好友齐聚一堂，共同见证这对新人的幸福时刻。他们的脸上洋溢着喜悦和祝福的笑容，为这对新人送上最真挚的祝福。杨霖身着笔挺的西装，英俊潇洒，眼神中透露出对陈礼英的深深爱意。陈礼英的脸上洋溢着幸福的笑容，眼中闪烁着对未来的憧憬和期待。在司仪的引领下，杨霖和陈礼英手挽着手，缓缓步入婚姻的殿堂。他们相互凝视着对方，眼中只有彼此的身影。这一刻，他们仿佛成了世界上最幸福的人，所有的等待和付出都化作了此刻的甜蜜和幸福。

他们发誓要相互扶持、相互理解、相互包容，共同面对未来的挑战和困难。他们相信，只要彼此相爱、相守，就能够克服一切困难，创造属于他们的幸福生活。

当选全国劳动模范

杨霖曾有幸两次踏入庄严肃穆的人民大会堂，这是他人生中熠熠生辉、引以为傲的重要时刻。对他而言，这不仅是对他个人成就的一种肯定，更是对他不懈努力和坚定信念的赞誉。每当提及此事，他的眼中总会闪烁着自豪与激动的光芒，仿佛那一刻的辉煌瞬间再次在他心中重现。这两次的经历，无疑是他人生旅途中最宝贵的记忆之一，他珍视并感激这样的机会，让它们成为激励他不断前行的动力。

中国工会第十六次全国代表大会2013年10月18日上午在人民大会堂召开，杨霖作为太原市的代表，受邀参会。这是杨霖第一次踏入人民大会堂。

会议前一天，杨霖与太原市总工会的同仁们一同启程，前往省总工会与其他市的代表们会合。他们整齐划一地走在通往高铁站的路上，每个人的脸上都洋溢着期待与激动。到了高铁站，贵宾室内已经聚集了众多代表，气氛庄重而热烈。

在贵宾室，杨霖遇到了一位传奇般的人物——申纪兰老人。申纪兰胸前挂满了各种奖章，每一枚都代表着她的辛勤付出和卓越成就。她起身，和蔼可亲地与每一位与会代表握手。

当她的手握住杨霖的手时，杨霖感到一股暖流涌上心头，仿佛感受到了这位老人对工人阶级的深厚情感。

下午5点，他们一行人抵达北京，住进了北京饭店贵宾楼。这里汇聚了来自全国各地的代表们。杨霖走进自己的房间，发现房间里早已准备好了各种生活用品、水果、会议资料，还有一个商务公文包。这些细致的安排让他感受到了组织的关怀和温暖。

会议当天，他们准时出发，乘坐中巴车前往人民大会堂。一路上，警车开道，他们的车队行驶在长安街上。看着窗外繁华的景象，杨霖的内心充满了无比兴奋和自豪之情。

走进人民大会堂，杨霖看着四周宏伟的建筑，心中百感交集。他不太相信自己一个山村的农家子弟，竟然能够代表几亿工人来到人民大会堂参会。但他也深知，这既是对他多年来辛勤工作的肯定，也是对他未来继续努力的鞭策。

会议期间，杨霖还与贵州团的代表们积极互动。当原贵州团工会主席袁周得知他作为一名来自贵州的农民工，代表山西工人出席会议时，不由得竖起了大拇指，夸奖道："小伙子，你了不起！你为我们家乡争了光，是贵州几百万离乡农民工人的楷模，必须为你点赞！"这句话让杨霖倍感荣幸和自豪，也让他更加坚定了为工人阶级事业奋斗终身的决心。

这次参会经历对杨霖来说是一次难忘的人生旅程。不仅让他亲眼见证了国家的发展和进步，也让他深刻感受到了工人阶级的力量和伟大。他将以更加饱满的热情和更加坚定的信念，继续为工人阶级事业贡献自己的力量。

杨霖第二次踏入人民大会堂的日子定格在充满历史意义的2015年。

4月27日清晨，杨霖从太原火车站出发，乘坐高铁前往北京。火车站的贵宾室里，他再次见到了那位胸前挂满奖章的传奇人物——申纪兰老人。与上一次相比，申纪兰老人显得有些苍老，需要专人照顾。但她的眼神依然坚定，那种对工人阶级的关爱从未改变。

杨霖走过去与她打招呼，申纪兰老人握着他的手说："小伙子，我记得你，你从贵州来，不容易，干得不错。"听到这句话，杨霖心中涌起一股暖流。他知道，这是对他工作的认可和鼓励。

2015年4月28日，春风和煦，阳光明媚，人民大会堂内更是热闹非凡，庆祝"五一"国际劳动节暨表彰全国劳动模范和先进工作者大会正在这里隆重举行。对于杨霖而言，这不仅是一个重要的日子，更是他人生中的另一个高光时刻。

在会议中，杨霖听到了许多感人至深的故事，看到了许多令人敬佩的人物。他们用自己的汗水和智慧，诠释了"劳动最光荣，劳动最美丽，劳动最崇高，劳动最伟大"的真谛。

这次表彰大会让杨霖有了更深刻的感悟。他意识到，劳动是人类社会进步的基石，没有劳动就没有人类文明的发展。同时，他也深刻体会到了党中央对劳动人民的关爱和尊重，以及对劳动精神的肯定和赞扬。

⊙ 2013年，杨霖参加中国工会第十六次全国代表大会留影

　　杨霖回想起两年前第一次踏入人民大会堂，每一处细节都还历历在目。而如今，杨霖以一个全新的身份出现在人民大会堂——全国劳动模范。这是他多年辛勤工作、默默奉献的最好回报，也是他个人荣誉的巅峰。当他身披红绶带，手捧荣誉证书，步入人民大会堂的那一刻，心中的激动和自豪难以言表。

　　站在人民大会堂的舞台上，杨霖感到无比自豪和骄傲，因为他知道这份荣誉不仅是对他个人的肯定，更是对他所从事的工作的认可。同时，他也感到了一份责任和使命，因为他深知作为全国劳动模范，他需要继续发扬劳模精神，为社会作出更大的贡献。

圆梦大学

　　1992年，为认真贯彻党中央关于"从优秀工人中选拔干部，培养跨世纪后备人才"的精神，中华全国总工会在中国劳动关系学院（原中国工运学院）创建了劳模本科班。1992年8月31日，中国劳动关系学院迎来了首届劳模本科班的48名学员，他们将在这里进行为期四年的脱产学习。

　　与普通本科班不同，劳模本科班的学员最初是由各级工会组织考核选拔、参加全国成人高校统一考试后录取。1997年，

《全国各类成人高等学校招生规定》出台，明确提出对于"近五年以来，获得全国劳动模范称号"的考生，经省、自治区、直辖市招生部门审核，报国家教委批准，可免试进入各类成人高等学校学习。

2015年4月，杨霖被评为全国劳动模范。2015年8月，杨霖接到了中国劳动关系学院的录取通知书，那份喜悦如潮水般涌上心头，让他几乎无法用言语表达。他一直以来的梦想，那个曾经遥不可及的大学梦，如今终于唾手可得。他想象着自己踏入那所充满学术氛围的校园，与志同道合的同学共同探讨学问，在知识的海洋中遨游。

然而，当杨霖冷静下来之后，他开始犹豫了，他手上有太多的事情需要处理。他担心自己一旦离开，这一切都会变得混乱不堪。更让他难以割舍的是，他的母亲已经八十岁高龄，而且身体一直不太好。他一直守在母亲身边，照顾她的生活起居，怎么可能放心地离开呢？

经过深思熟虑，杨霖逐渐打消了上学的念头。他觉得，相比于追求个人的梦想，更重要的是要承担起家庭的责任，照顾好母亲和身边的人。然而，他的母亲知道了这件事情，她对杨霖说："我有陈妹（杨霖妻子）照顾，你还有什么不放心，你该干什么就干什么去，就别管我了。"她看着杨霖，眼中充满了理解和鼓励。

母亲的话让杨霖心中五味杂陈。他知道母亲是在为他着想，希望他能够去追求自己的梦想。但是，他也知道母亲的身体状况并不乐观，他不能放心地离开。他开始陷入深深的矛盾之中，不知道该如何抉择。

杨霖的母亲当时身患严重的心脏病，无论她如何劝说让杨霖去上学，杨霖都不肯答应。于是，她开始不配合医生的治疗，不按时吃药，甚至不肯去医院。她想以这样的方式"逼迫"儿子去上大学。她用自己的方式告诉杨霖，她希望自己的儿子能够去追求自己的梦想，不要因为她的身体状况而轻易放弃。

杨霖看着母亲日渐消瘦的身影，心中充满了愧疚和无奈。他知道母亲的心事，她认为自己这一生没有给过杨霖很好的物质基础而愧疚。但是在杨霖的心中，母亲给予他的已经足够多了。母亲给予了他生命，养育他成长；母亲赋予了他朴实向上的品德，教会了他如何做人；母亲给予了他从善诚实的教诲，使他成为一个有道德、有责任感的人。这些，都是他一生的财富，是他能够走向成功的重要支撑。

然而命运弄人，母亲在2015年10月份离世，这让杨霖陷入了深深的悲痛之中。面对这突如其来的打击，他强忍泪水，决定将这份难以言喻的哀伤转化为前进的动力。杨霖知道，他不能辜负母亲的期望，不能让母亲的付出白费，不能让她的心愿落空。于是，他做出了决定。他要去上学，去追求自己的梦想。杨霖暗自发誓，要更加努力地学习，不仅为了自己，也为了在天之灵的母亲，不辜负她生前对他的殷切期望和无私的爱。

　　带着母亲的期望与嘱托，杨霖踏入了新的征程。当他走进中国劳动关系学院的劳模班，一个特别的集体展现在他的眼前，在校园的每个角落里都闪耀着独特的光芒。他们来自祖国的四面八方，曾各自在岗位上书写着不平凡的篇章，如今齐聚一堂，共同追求对知识的梦想。走进这个集体，会被一种积极向上的氛围所感染。每个人的脸上都写满了坚毅和决心，他们的眼神中闪烁着对知识的渴望和对未来的期待。虽然他们的人生经历各不相同，但都有一个共同的特点——都是通过自己的努力和拼搏，才走到了今天。

　　在劳模班里，每个人都是一本值得翻阅的书。他们的经历、他们的故事，都是取之不尽、用之不竭的精神财富。他们用自己的行动诠释着什么是真正的劳模精神，什么是真正的奋斗与拼搏。

　　刚走进校园的杨霖，心情异常激动。他早早地起床，走进那片熟悉的操场。清晨的阳光洒在他的脸上，微风拂过他的发梢，一切都显得那么美好。他站在操场上，感受着这份久违的宁静与自由，心中涌起一股难以言表的喜悦。

　　他回想起自己这半生的艰辛与坎坷，没想到有朝一日还能重新回到学堂。那种内心的欢悦和激动，让他忍不住想要大声呼喊出来。他拿出手机，写下了那首《晨练有感》，字里行间充满了对过去的感慨和对未来的期待。

晨练有感

碌碌半生逝，

忘却此生身。

一朝学院里，

早起听鹊鸣。

　　在劳模班里，像杨霖这样珍惜这次上学机会的同学还有很多。他们都很珍惜这份迟来的同学情，彼此之间相互扶持、共同进步。他们的班长郑贵友，是一位在军工企业作出卓越贡献的大国工匠；他的室友陈校华，是铁路工匠中的优秀从业者；还有山西太原的养鸡大王郑翠生，他的创新和拼搏精神让人赞叹不已；还有纺织能手高美丽、金牌导游赵艳芳等等，他们都是各自领域的佼佼者，如今齐聚一堂，共同学习、共同进步。

　　他们的专业是社会工作，兼修法律、人力资源、工会工作等多门学科。这对于他们来说是一个全新的挑战。由于之前所受的教育程度不同，又长时间离开书本，一开始他们都很吃力，很不适应。但是，他们并没有被困难所吓倒，反而更加坚定了自己的信念和目标。他们约定"不抛弃，不放弃"，相互帮助、相互鼓励，一起努力追赶。

　　在劳模班里，黄景图（已故）、杜江、赵艳芳等同学是出了名的好学。他们每天离开教室后，就会去图书馆泡上一整天，沉浸在书海中，汲取着知识的养分。他们的努力和坚持，不仅让自己变得更加优秀，也激励着身边的同学不断前进。

⊙ 2016年5月，杨霖（右三）参加内蒙古义务植树时与学院师生合影

⊙ 2016年5月，杨霖（右三）参加内蒙古义务植树时与学院师生合影

⊙ 2015年，杨霖参观天安门城楼时留影

在劳模班上课的每一天，都充满了挑战和机遇。他们用自己的行动诠释着什么是真正的劳模精神，什么是真正的奋斗与拼搏。他们的身影，成为校园中一道亮丽的风景线，激励着更多的人去追求自己的梦想和目标。

杨霖与同学们在一起的日子仿佛是一首丰富多彩的诗，每一行都饱含着对未来的憧憬、对人生的深思。宿舍，这个看似普通的地方，却成了他们交流思想、分享情感的重要场所。

每当夜幕降临，宿舍的灯光温暖而柔和。杨霖和几位同学围坐在一起，或是倚在窗边，望着窗外的星空，畅谈着各自的梦想。他们的话语中充满了激情和热血，仿佛可以点燃整个夜空。他们谈论着未来的职业规划，分享着在工作中遇到的种种挑战和收获。有时候，他们也会深入探讨人生的意义和价值，试图找到那个让自己心动的答案。

周末，是他们最期待的时光。他们总是提前规划好行程，然后一起踏上说走就走的旅程。那些美好的相聚时光，仿佛成了他们重返青春的最珍贵的记忆。

他们来到天安门广场，每个人的脸上都洋溢着自豪和喜悦的笑容，仿佛在与国旗一同见证着祖国的繁荣昌盛。他们登上长城，感受着那份"不到长城非好汉"的豪情壮志。站在长城之巅，他们俯瞰着脚下的山川大地，心中充满了无尽的豪情和壮志。他们走进香山，欣赏着那满山的红叶。那里的景色与课本里的《香山红叶》中的描写一模一样，只是现在更多了一些意境和感悟。他们漫步在红叶之中，感受着大自然的鬼斧神工和生命的美丽。他们去古巷百花里追寻古人的足迹，在那里，他们仿佛穿越了时空，与古人进行了一次跨越千年的对话。火车博物馆、中国军事博物馆、世博园……他们的足迹遍布了北京和周边地区的各个角落。每一次旅行都是一次全新的体验和感悟，让他们的心灵得到了极大的丰富和滋养，而这些美好的经历也让他们更加珍惜彼此之间的情谊。

在命名班级的微信群名时，大家采纳了杨霖的建议——"不老的青春"。这个名字寓意着他们虽然已经步入中年，但是心中的青春激情依然不减。他们希望通过这个名字来承载他们共同的期望和追求。

同窗数载，他们一起经历了无数的美好瞬间。那些一起上课、一起讨论、一起旅行的日子都将成为他们心中最珍贵的记忆。这些记忆将永远铭刻在杨霖的心中，成为他人生中最宝贵的财富。

泪别母亲

杨霖的母亲曹峦开，一心想让儿子上大学，即便自己身患重病，却"固执"地拒绝去医院接受治疗。为了能让母亲改变主意，继续去医院治疗，杨霖只好先答应母亲去上大学的请求。经过不懈努力，杨霖终于成功劝说了母亲，让她同意去医院接受必要的检查和治疗。他深知母亲的心脏病如同定时炸弹，一旦停止治疗，后果不堪设想。

在妥善安排好母亲后，杨霖匆匆返回太原继续工作。他的心中始终牵挂着母亲，他频繁地通过电话询问家中的情况，渴望听到母亲一切安好的消息。然而，令他始料未及的是，母亲竟在哥哥的陪伴下，坚持要返回农村老家。她以一种近乎淡泊的语气说，只是想回去看看，与那些曾经熟悉的人和事做一次深情的告别。

当杨霖得知这一消息时，心中顿时涌起一股强烈的不安。他意识到，母亲此举或许正是对生命即将走到尽头的预感。于是，他顾不得手头的事情，立刻收拾行李，匆匆踏上了回家的路。

一路上，杨霖的心情沉重而复杂。他既担心母亲的病情，又害怕面对失去亲人的痛苦。他不断地告诉自己，一定要赶回去，一定要见到母亲最后一面。终于，杨霖回到了家。他看到母亲躺在床上，脸色苍白，气息微弱。他知道，母亲的情况已经是万分危急了。他紧紧握住母亲的手，泪水在眼眶里打转。他急切地喊着母亲，希望她能听到自己的呼唤，希望能给她带来一丝力量。

然而，命运却是如此的无情。就在杨霖回家的第二天，母亲的心脏病再次发作。她痛苦地呻吟着，声音越来越微弱。最终，她喊出了杨霖的乳名，然后永远地闭上了眼睛。那一刻，杨霖的心仿佛被撕裂开来。他痛苦地跪在母亲的床前，泪水汹涌而出。他无法接受这个事实，无法接受母亲的离去。

在母亲的葬礼上，杨霖默默地站在一旁，心中充满了无尽的悲痛，看着母亲被安葬在故乡的土地上，他知道，自己再也无法听到母亲的声音，再也无法看到她的笑容了。

他明白，自己不能辜负母亲的期望和愿望。他必须坚强起来，擦干眼泪，告别家人，继续前行。在母亲的葬礼过后，杨霖带着对母亲深深的怀念与不舍，重新返回太原，继续他繁忙的工作。然而，他的心中却始终无法忘记母亲的离去。每当夜深人静时，他都会默默地思念着母亲，回忆着过去的点点滴滴。

但是，生活总是要继续的。杨霖知道，自己不能一直沉浸在悲痛之中。他必须振作起来，努力奋斗，争取取得更好的成绩。他相信，只有这样，才能告慰母亲的在天之灵。

当他沉浸在对过往的回忆与感慨中时，现实中的校园生活也在继续着。在学校里，他努力学习专业知识，积极参加各种活动和比赛。他希望通过自己的努力，能够为社会作出一些贡献，实现自己的价值。

时值五一放假，同学们都在兴奋地讨论着即将到来的假期安排。语文老师李双布置了假期作文《母亲》，要求大家在假期中认真观察、感受母亲的点滴，用文字记录下对母亲的感激和思念之情。

杨霖坐在教室里，看着窗外的阳光洒在操场上，心中却是五味杂陈。他深知，这篇作文对他来说，不仅仅是一次作业，更是一次情感的宣泄和记忆的追寻。

放假后，杨霖回到了家中。他静静地坐在书桌前，开始构思这篇作文。他回想起母亲生前的点点滴滴，那些温馨的画面仿佛就在眼前。母亲为他做的每一顿饭、为他洗的每一件衣服、为他讲的每一个故事，都深深地刻在他的心里。然而，当杨霖准备开始写作时，他却发现自己无法用言语来表达内心的感受。他试图用文字描绘母亲的容颜，却发现那些文字都显得如此苍白无力；他试图用文字叙述母亲对他的关爱，却发现那些文字都无法表达出母亲那份深沉的爱。

正当杨霖陷入困境时，他突然想到了母亲生前经常对他说的一句话："孩子，你要好好学习，将来才能有出息。"这句话仿佛是一盏明灯，照亮了他前进的道路。他明白，自己要用文字来记录母亲的爱，让这份爱永远铭记在心。于是，杨霖重新打起了精神，开始认真写作。他的思绪沉浸在回忆之中，他想起了母亲为他付出的一切，想起了母亲温暖的笑容和慈爱的目光，泪水不自觉地滑落下来。他把自己的心声都倾注在了这篇作文中，希望能够用文字来表达对母亲的深深怀念。

假期结束后，杨霖带着这篇作文回到了学校。当杨霖把作文打印好交给李老师时，他的心情是复杂的。课上，李老师开始点评作文，她表扬了几位写得好的同学，随后，话锋一转，李老师批评了杨霖的这篇文章。她质疑杨霖是抄写的，给了他一个不及格的分数。杨霖的心一下子沉到了谷底，他感到十分委屈和不满。

下课后，杨霖鼓起勇气走到李老师面前，说："老师，下节课让我读吧！是不是网上抄的，听我读读便知道了。"李老师看着他坚定的眼神，点了点头。

下节课时，杨霖站在讲台上，开始朗读自己的作文。他的声音有些颤抖，但情感却十分真挚。当他读到母亲为他做的每一件事时，他的眼泪夺眶而出，班里有好几个同学也跟着一起掉眼泪。

今天是母亲节，朋友圈满是对母亲的祝福。整天不敢看朋友圈。这个母亲节，没有祝福的去处。还留着娘的电话，那个熟悉却再也拨不通的电话，默默地想着那个号码，更深地意识到，我成了孤儿了。我如今已成了孤儿，再没"娘"可喊了。……

李老师听着杨霖的朗读，心中的疑虑渐渐消散。她感受到了杨霖对母亲的深深怀念和感激，也感受到了他内心的真挚情感。她默默地听着，直到杨霖读完最后一段。

读完作文后，杨霖回到了座位上。他感到自己的心情得到了宣泄和释放，他真情流露的话语也引起了同学们的理解和共情。而李老师则缓了一会儿，重新给杨霖打了98分后说："写文章讲的是一个字：那就是'情'。"

对母亲的愧疚与思念之情，一直深深地埋在杨霖的心里。而这次写作的经历，也让他更加深刻地体会到了母爱的伟大和无私。他知道，无论走到哪里，母亲的爱都会永远陪伴着他，成为他前进的动力和支撑。

一封珍贵的来信

2018年4月30日，一个阳光明媚的春日，微风轻拂，万物复苏。突然，一个喜讯如春风般传遍了整个中国劳动关系学院，传到了那个特殊的集体——劳模班。习近平总书记给他们回信了！这个消息如同一颗石子投入平静的湖面，激起了层层涟漪。

学院里，师生们纷纷聚集在一起，脸上洋溢着激动和期待的表情。他们互相传阅着那封珍贵的回信，每一个字、每一句话都显得格外珍贵。回信中的每一个称呼、每一个问候，都透露着总书记对劳模们的深情厚意和崇高敬意。

杨霖紧紧握着那封信，仿佛能感受到总书记的温暖和关怀。他的心情无法用言语来形容，既有激动，又有自豪，更有一种深深的使命感。他仿佛看到了总书记那亲切的笑容，听到了那鼓励的话语。

读完习近平总书记的回信，学院师生们久久不能平静。他们纷纷表示，要牢记总书记的嘱托，珍惜荣誉、努力学习、拼搏进取，为新时代的发展贡献自己的力量。

杨霖回到宿舍，将回信的复印件小心翼翼地放在书桌上。他望着窗外明媚的阳光，心中充满了希望和信心。他知道，有了总书记的关怀和支持，他们一定能够在未来的道路上走得更加坚定、更加自信。

从此以后，劳模班的同学们更加珍惜这次难得的学习机会，他们互相帮助、共同进步，用实际行动诠释着劳模精神。他们不仅在学业上取得了优异的成绩，而且在各自的岗位上创造出了更加辉煌的业绩。

习近平总书记的回信如同一盏明灯，照亮了杨霖和劳模班同学们前进的道路。他们将继续努力、拼搏、创新，为新时代的发展贡献自己的力量，让劳模精神在新时代焕发出更加璀璨的光芒。

第七章　匠之大者，为国为民

扫码解锁

⊙群英颂歌⊙匠心谱写赤诚
⊙奋斗底色⊙夯实建设之基

为了父愿建学堂

2002年的夏天，阳光炙热而刺眼，仿佛要将整个世界都烤焦。空气中弥漫着一种沉闷而压抑的气息，让人喘不过气来。在这个炎炎夏日，杨霖的生活原本如同往常一样，忙碌于各种项目和会议之间，追逐着事业上的进步。

然而，一通电话却如晴天霹雳般打破了他平静的生活。电话那头，传来的是家人焦急而沉重的声音——他的父亲查出了胃癌。这个消息如同一块巨石，重重地砸在杨霖的心头，让他瞬间陷入了沉思。

这些年来，杨霖一心扑在事业上，追求着个人的成功和荣耀。他常常以工作忙为借口，忽略了对父母的关心和照顾，很少回家看望他们。他以为给父母寄去足够的钱，让他们过上舒适的生活，就是对他最好的回报。然而，此刻他才意识到，自己的疏忽和错误已经造成了无法挽回的遗憾。

他想起小时候，父亲总是牵着他的手，陪他走过那些熟悉的田野；他想起父亲为他做的那些美味佳肴，每一道都充满了浓浓的爱意；他想起父亲的谆谆教导，那些话语如同明灯照亮了他前行的道路。然而，这些美好的回忆如今却变得如此遥远和模糊，仿佛已是隔世之梦。

杨霖的心中充满了愧疚和痛苦，他恨自己为什么没有早点发现父亲的病情，为什么没有多陪陪他，多关心他。他明白，现在说什么都已经晚了，他必须尽快回到父亲身边，陪伴他度过这段艰难的时光。

他立刻放下手头的工作，赶回了家乡。当他走进医院的病房时，眼前的景象让他心痛不已。父亲躺在病床上，脸色苍白而憔悴，双眼紧闭着，仿佛已经没有了生气。杨霖走到床边，轻轻地握住父亲的手，心中涌起了无尽的悲伤。

在接下来的日子里，杨霖守在父亲的病床前，陪伴他度过了无数个漫长而痛苦的夜晚。他照顾着父亲的饮食起居，陪伴他聊天、散步，尽力让他感受到家人的温暖和关爱。在这段时间里，杨霖深刻地体会到了生命的脆弱和宝贵，也重新认识了亲情的珍贵和不可替代。

然而，尽管杨霖付出了所有的努力，父亲的病情却依然没有好转的迹象。看着父亲日渐消瘦的脸庞和疲惫的眼神，杨霖心中充满了无奈和绝望。他知道，自己能做的已经都做了，现在只能祈求上天能给父亲一个奇迹。

就在杨霖感到无助和绝望的时候，他突然想起了父亲的一个心愿——重建村里的学校。父亲曾是这所学校的代课教师，对这所学校有着深厚的感情。他曾多次提起过想要重建学校的事情，但由于种种原因一直未能实现。

杨霖决定要实现父亲的这个心愿。他知道，这不仅仅是为了完成父亲的心愿，更是为了那些对知识充满渴望的孩子们。于是，怀揣着实现父亲心愿的强烈希望，以及对家乡未来的深切期望，杨霖筹集资金，致力于重振村里的教育事业，为孩子们打造一个全新的学习殿堂。

在杨霖的不懈努力以及镇领导和村干部的鼎力支持下，学校的重建工程终于破土动工，迎来了新的曙光。杨霖满心憧憬，他坚信通过大家的共同努力，这所学校将不仅仅是一个传授知识的地方，更会成为孩子们快乐学习、茁壮成长的温馨乐园。然而，就在工程即将竣工的时候，父亲还未看到建好的学校，却永远地离开了他们。杨霖心中充满了无尽的悲痛和遗憾，他没能了结这桩心愿，让父亲在有生之年看到这所学校的崭新面貌。

如今，这所学校已经建成多年，每当杨霖回去看到这座教学楼时，心中仍然会感到百感交集。他知道，这所学校承载了太多人的回忆和期待，也见证了他和父亲之间的深厚情感。虽然父亲已经离开了这个世界，但他的心愿和期望仍然留在杨霖的心中，激励着他继续前行。

在杨霖的心中，这所学校不仅仅是一栋建筑，更是一份情感的寄托和传承。他会继续努力工作，为社会作出更多的贡献，同时也会时刻铭记父亲的教诲和期望，让这份情感永远延续。每当夜幕降临，他站在学校的操场上，仰望星空，仿佛能感受到父亲那慈祥的目光和温暖的微笑，这给予他无限的安慰和强大的动力。

这样的"包工头"

工作中，杨霖深知每一次机会都来之不易，因此他格外珍惜。在施工的过程中，他全身心投入，无论是抓生产还是抓管理，都从不松懈。他坚信，只有用心去做，才能赢得客户的信任和尊重。

在部队和广东工作的经历，让杨霖学到了很多管理方面的知识和经验。他将这些知识和经验巧妙地运用在施工队中，制定了一套相应的管理制度和奖励机制。这套制度不仅规范了工人的行为，提高了工作效率，还激发了他们的积极性和创造力。

每天早上，杨霖都会给在班工人安排好当天的工作任务。他会详细讲解每个工艺流程和注意事项，告诉工人们材料的堆放区域，并着重强调安全意识。对于那些危险性较大的工作区域，他会安排机智灵活、手脚麻利、工作认真细致的工人去完成，并全天重点盯防。而对于年龄稍长、手脚不够麻利的工人，他则安排他们在相对安全的工作区域作业。在杨霖看来，安全是第一位的，任何忽视个人安全的工人都不能留在队伍里。当然，在工资待遇上，他也会根据工人的表现和能力进行适当的调整。

杨霖还建立了讲评制度，他会对一天的工作进行讲评，对表现好的工人给予肯定和褒奖，对怠工懒散的工人进行点名批评，并对犯了错的工人进行处罚。对于屡教不改的工人，他会毫不犹豫地将其辞退。

除了日常的管理工作，杨霖还非常注重工人的业务学习和技能提升。杨霖组织工人利用下雨天或晚上的时间学习业务理论常识，有时是杨霖亲自讲课，有时也会请行业内专业的师傅来授课。直到所有工人都熟练掌握这些常识和技术后，才会放心地让他们去工作。

在杨霖的带领下，工友们不仅学会了技术，还感受到了家的温暖。对于那些有子女或弟弟妹妹考上大专院校的工友，杨霖会给予资金支持，帮助他们解决经济上的困难。记得有一名员工叫江辉，她的女儿考上了贵州师范大学，杨霖毫不犹豫地给予了一千元的学费支持。江辉的女儿很懂事，到校后给他们写了一封感谢信，感谢他们的支持与爱护，并表示一定要努力学习，将来回报社会。

对于优秀员工，杨霖更是慷慨解囊，每年都可以报销回家的路费。那些年，坐飞机可是很稀罕的事情，但杨霖却愿意为这些优秀员工买单，让他们能够安心地回家与家人团聚。

除了经济上的支持，杨霖还非常注重对员工的培训和成长。他每年都会从员工中选出优秀分子进行培训，让他们作为后备队员随时补缺。在工作中，他提倡小发明小创造，鼓励工人们每天进步一点点。他相信，只有不断创新和进步，才能在激烈的竞争中立于不败之地。

那些年的建筑行业技术提升空间很大，有技术的工人并不多，但这反而给了他们很多机会。在钢筋工程的施工中，他们成功发明了利用定位梯来稳固剪力墙钢筋位置的方法，解决了钢筋移位的技术难题；他们使用塑料布制作料牌，解决了料牌雨天脱落的难题；在混凝土浇筑时，他们用直径为10毫米的钢筋焊接卡尺来抽查标高，并用双面胶解决模板阴阳角处的漏浆问题等等。这些工艺后来都得到了广泛的推广和应用，为整个行业的发展作出了贡献。

上天总会眷顾那些肯付出的人。在杨霖的带领下，他的队伍从管理到质量都逐渐得到了行业的认可。他们的核心团队实现了稳健的成长，后来在山西乃至全国都成了模范品牌。这一切的成就都离不开杨霖的辛勤付出和不懈努力。他用自己的行动诠释了什么叫作真正的工匠精神——执着专注、精益求精、一丝不苟、追求卓越。

工地筑梦人

2020年，在阳光照耀下的毕业典礼显得格外庄重而神圣。杨霖，这个在劳动关系学院度过了四年时光的学子，终于迎来了他人生中的又一重要时刻。杨霖站在学院的操场上，身着一袭深色西装，目光坚定，脸上洋溢着自信的微笑，仿佛已经看到了自己未来事业的辉煌。

毕业典礼结束后，杨霖回到位于黔东南州的办公室。在这里，他成立了两家公司——贵州黔晋工程建筑劳务公司和黔东南

⊙ 2018年，杨霖（右一）在施工现场留影

建诚建筑有限责任公司。黔，代表着他生长的地方；晋，则是他成长的地方，是他生命的源泉。他之所以取这样的名字，不仅是为了纪念自己的成长历程，更是为了表达自己对家乡的深厚情感。

"思远者和，善建者诚。"这是杨霖对建诚公司的期许，也是他对自己的要求。他深知，作为一名建筑行业的从业者，不仅要有远大的志向，更要有扎实的技艺和诚信的品质。只有这样，才能在激烈的市场竞争中立足，赢得客户的信任和尊重。

杨霖多次获得建筑行业的奖项和"中国百佳优秀农民工"等荣誉称号。这些荣誉的背后，是他无数个日夜的努力和付出。他深知，荣誉代表的只是过去，更多的是一份前行的动力。因此，他始终保持着谦虚谨慎的态度，不断学习新知识，提升自己的能力。

他感恩这个社会给予他的认可和支持，感恩国家给予他的平台和机会，更感恩身边的工友以及关注、关心自己的每一个人。

这是一个奋斗的时代，成绩是暂时的，荣誉是过去的。但杨霖知道，只要他不忘初心、继续前进，就一定能够无愧于内心、无愧于时代。他将继续带领着自己的团队，在建筑行业中创造更多的辉煌成绩，为家乡和祖国的繁荣发展贡献自己的力量。

一颗匠心写赤诚

百年大计，质量第一。这句话不仅仅是建筑行业的座右铭，更是杨霖和工友们一生坚守的信念。在太原这座古老而又充满现代气息的城市里，他们的身影与这座城市的每一条街道、每一座建筑都紧密相连，诉说着一段段辛勤劳动的故事。

清晨的第一缕阳光洒在唐槐大厦（现已更名为三晋国际大厦）的玻璃幕墙上，反射出耀眼的光芒。杨霖站在大厦前，抬头仰望这座巍峨的建筑，心中涌起一股难以言表的自豪与感慨。这座大楼是他们曾经奋斗过的地方，每一块砖、每一片瓦都凝结着他们的汗水和智慧。

回忆往昔，杨霖的思绪不禁飘到那段与唐槐大厦共度的难忘岁月中。那时，这片土地尚是一片热火朝天的建设现场，机械轰鸣与工人的号子交织成一首激昂的交响乐。杨霖团队身着略显陈旧却整洁的工作服，头戴安全帽，手持各式工具，不畏寒暑，昼夜不息地投入这片热土之中。尽管环境艰苦，他们却从未有过半句怨言，因为他们深知自己正参与塑造这座城市的未来。

滑模顶升工艺是当时工程项目中的一大难题，其不稳定性和高故障率给施工带来了前所未有的挑战。面对这样的困境，杨霖与团队成员展现出了非凡的坚韧与智慧。他们秉持着工匠精神，不断探索、优化，力求在每一个环节上精益求精，确保工程质量与安全。汗水浸湿了衣衫，却浇不灭他们心中的热情与执着。

在那段日子里，工地几乎成了他们的第二个家。白日里，他们顶着烈日或寒风，用汗水浇灌着这座即将崛起的建筑；夜幕降临，他们则围坐在一起，分享着生活中的酸甜苦辣，彼此鼓励，共同憧憬着美好的明天。虽然生活条件简朴，但他们的心中却充满了对未来的无限憧憬与坚定的信念。

然而，命运弄人，因资金问题，唐槐大厦的建设在达到令人瞩目的29层时被迫停下了建设的脚步，杨霖团队辛勤付出，未能亲眼见证其最终完工。但这份遗憾并未抹去他们的贡献与价值，因为在那片土地上，他们留下的不仅是汗水与努力，更是对建筑事业的热爱与执着。

十年后，这片土地以三晋国际大厦的新貌重新焕发生机，虽已非杨霖团队亲手完成，但他们的付出与贡献如同基石一般，默默支撑着这座大厦的根基。这段经历，成了杨霖及团队成员心中永恒的骄傲与记忆，证明了即使面对挫折，只要坚持梦想，勇于担当，就能为这个世界留下不可磨灭的印记。他深知，百年大计，质量第一。每一项工程都是一项责任，一项使命。因此，每当他们承揽一项工程时，他都会全身心地投入其中，不顾一切地完成任务。

做一项工程，树一座丰碑。这是杨霖和工友们一直秉承的信念。他们深知每一项任务都是对业主、对社会的承诺和责任。因此，他们总是以最高的标准来严格要求自己，确保每一项工程都能够交上一份满意的答卷。

在杨霖深耕建筑行业的岁月里，他不仅凭借自身的努力与才华，更得益于众多公司和业界人士的倾心助力。太原市第一建筑工程集团有限公司，是他建筑生涯的起点与摇篮；而山西晋联地产的郭玉山总经理等业界资深前辈，均以其深厚的经验与丰富的资源，为杨霖的成长之路提供了坚实的支撑与悉心的指导。

对于这些来自四面八方的援助之手，杨霖内心充满了深深的感激与铭记。他由衷地向每一位在他成长道路上伸出援手的人表示最诚挚的谢意。这份感激，不仅是对个人恩情的深情回馈，更是对整个建筑行业所蕴含的温暖与互助精神的崇高颂扬。

杨霖深知，正是这些宝贵的支持与鼓励，如同灯塔一般照亮了他的前行之路，使他在建筑领域的探索中能够勇往直前，不断突破自我，实现一个又一个的职业超越。他将以更加饱满的热情和坚定的信念，继续在建筑领域精耕细作，回报那些曾经帮助过他的人，同时也为整个行业的繁荣与发展贡献自己的力量。

在杨霖看来，最大的收获不是金钱和名利，而是那份来自业主和社会的认可和尊重。每当他看到那些自己参与建设的建筑被社会所认可、被人们所喜爱时，心中都会涌起一股无比的满足和幸福。他知道，这就是他们为之奋斗的目标和价值所在。

百年大计，质量第一。杨霖和工友们将继续秉承这种信念和精神，为社会的建设和发展贡献自己的力量。他们相信，在他们的共同努力下，未来将会更加美好、更加繁荣。他们也将继续用他们的汗水和智慧，书写着属于他们的辉煌篇章。